Dreifuss/Herzka: Kindergesichter

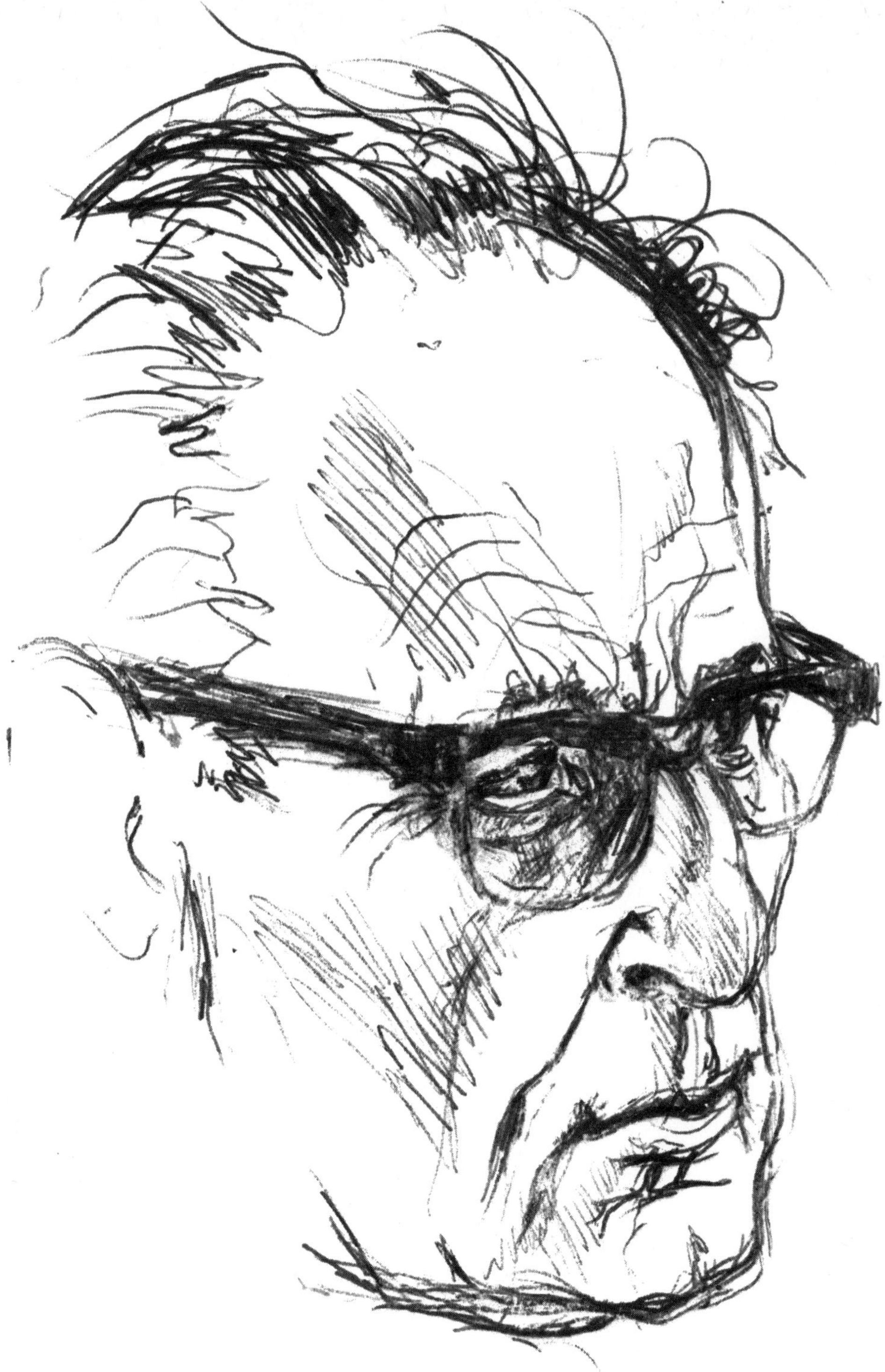

Dr. med. Willy Dreifuss

Kindergesichter

**Begegnungen
Zeichnungen
Deutungen**

herausgegeben und kommentiert
von Prof. Dr. med. Heinz St. Herzka

mit Beiträgen von
Proff. Dres. H. Asperger, Anna Freud
R. S. Illingworth, M. J. Langeveld, W. Metzger
Lotte Schenk-Danzinger
und Frau Rita Suppiger

Zweite, unveränderte Auflage

Schwabe & Co · Verlag · Basel/Stuttgart 1978

Typographische Gestaltung
Heiri Steiner, Zürich, und
Jos. A. Niederberger, Basel

Photolithos
Steiner & Co. AG, Basel

Herstellung
Schwabe & Co., Basel

© 1978 by Schwabe & Co., Basel
ISBN 3-7965-0681-X

Inhalt

Einführung

Werk und Person des Zeichners

    Willy Dreifuss: Lebensskizze
    Veröffentlichungen und Ausstellungen
    Rita Suppiger: Aus Gesprächen mit Willy Dreifuss

Willy Dreifuss: Kinderzeichnungen, erläutert von Heinz St. Herzka

    1. Alters- und Entwicklungsstufen
    2. Gemütszustände und Stimmungen
    3. Nationen und Rassen
    4. Krankheitszustände

Begegnen – Sehen – Deuten

    Heinz St. Herzka: Einleitung
    Anna Freud: Über die Beziehung zum Kind
    R. S. Illingworth: Die Bedeutung der Beobachtung des Kindes durch die Eltern
    Lotte Schenk-Danzinger: Der Lehrer als Beobachter des Kindes
    Wolfgang Metzger: Die wortlose Sprache kindlicher Bekenntnisse
    Hans Asperger: Ärztliches Schauen
    Martinus J. Langeveld: Begegnung und Ausdruck

Einführung

Dieses Buch über den Ausdruck des Kindes hat selbst zwei Gesichter: Das eine zeigt sich auf den ersten Blick, das andere erst nach längerer Betrachtung. Zunächst liegt eine Sammlung von Zeichnungen vor, die mit wenigen Strichen Porträts von Kindern ausdrucksvoll wiedergeben. Die einzelnen Zeichnungen anzusehen ist je nach dem Gesicht, das sie darstellen, vergnüglich oder ergreifend für jeden Betrachter, der sich für Kinder und für Kunst interessiert.

Das andere Gesicht des Buches verlangt ein längeres Verweilen. Sieht man die Bilder lange an, geht man in Gedanken diesen Kindergesichtern in den einzelnen Zügen nach, so kommt man nach und nach zu einem tieferen Verständnis für das Kind. Bei einem solchen Studium der Zeichnung sind die Texte dieses Buches eine Hilfe.

Um ein Kind als Ganzes zu erfassen, braucht es gleichzeitig Nähe und Distanz. Der Erwachsene, dem an dem Kind etwas liegt, wird nicht von weitem oder von oben herab zu ihm sprechen. Er wird zum Kind hingehen; wird neben den Säugling, der auf dem Boden spielt, knien, um sich mit ihm zu treffen; er wird sich bequemen, die Knie zu beugen, um aus der Hockestellung mit dem Kleinkind auf gleicher Ebene zu sein; er wird sich zum Schulkind hinsetzen, um seinem Blick zu begegnen, ohne dass es angestrengt aufschauen muss. Die Bewegung des sich Zuwendens ist das äusserliche Anzeichen einer inneren Haltung, welche Begegnung und Gespräch mit dem Kind erfordern. Der Erwachsene wird versuchen, in dem Kind verständlichen Ausdrücken zu sprechen, weder geschraubt noch mit Fremdwörtern durchsetzt; er wird sich bemühen, auf das einzugehen, was das Kind erfüllt, sein Spiel, seine Schulsorgen, sein Zuhause oder auch, wenn der Gesprächspartner sein Arzt ist, auf seine Schmerzen. Einfach, möglichst echt und unverstellt, unmittelbar, kindlich, aber weder kindisch noch gekünstelt.

Doch die innere und äussere Bewegung des sich Näherns ist gewissermassen nur der eine Pol der Haltung, welche es braucht, um das Kind zu finden. Der andere ist die Distanz. Wer sich dem Kind zu heftig nähert, erschreckt es. Nicht nur der ältere Säugling fürchtet die Umklammerung des Fremden, der es überstürzt umarmt. Wer das Kind unbedenklich bestürmt, wird zurückgewiesen und verspielt durch seine Distanzlosigkeit das Vertrauen des Kindes und die Möglichkeit, es zu schauen. Wem es ernstlich um eine tiefere Beziehung zu tun ist, der wahrt eine behutsame Distanz, einen Abstand, äusserlich und innerlich. Nur aus dieser Distanz lässt sich die Haltung, die Gestik, die Mimik sehen, lässt sich dem Blick des Kindes begegnen. Wer es mit Worten überrollt, versperrt sich das Gespräch, überhört die Feinheit in seinem Tonfall, die Schwankungen und Stockungen der kindlichen Stimme. Zuhören — auf das Kind horchen — ist notwendig, um es zu verstehen. Indem ich zum Kind hingehe, muss ich es gleichzeitig zu mir herkommen lassen. Die Gleichzeitigkeit von Nähe und Distanz in einem dialogischen Verhältnis ist für jede Begegnung mit dem Kinde notwendig, ganz besonders aber dann, wenn es sich um eine fachlich fundierte Begegnung handelt, die schliesslich auch zu einer Beurteilung führen soll, sei es durch den Arzt, durch den Erzieher, die Kinderschwester, durch den Psychologen oder Sozialarbeiter. Sofern das Ziel ihrer Bemühungen die Beurteilung, die Diagnose, die Betreuung des Kindes *selbst* ist und nicht nur seiner Krankheit oder seines Verhaltens, so ist es notwendig, das Kind gleichzeitig lieb zu haben und zu erkennen (D. Wyss), es braucht dazu denkende Liebe (Pestalozzi), exakte Phantasie (Goethe). Am Kind vorbei geht, wer gekünstelt ist und kindisch sich durch seine Distanzlosigkeit lächerlich macht, ebenso wie derjenige, der aus kühler Distanz technisch perfekt das Kind prüft und dabei weder sieht noch fühlt, worauf es menschlich ankommt.

Nähe und Distanz gleichzeitig charakterisieren die Zeichnungen von Willy Dreifuss. Sie sind Kunstwerke und wissenschaftliches Dokument in einem. Wer dem Künstler zusieht, wie er zeichnet, wie er gebannt hinschaut und sich einen oft kaum bemerkbaren Augenblick besinnt, bevor der nächste Strich angesetzt oder etwas korrigiert wird, der sieht die gleiche Spannung zwischen Nähe und Distanz, die auch der erfahrene Diagnostiker erfährt, der einen Befund erhebt: immer wieder wechselt er vom aktiven Untersuchen in einen kurzen Zustand, in dem er sich wie in sich selbst zurückzieht, in einen Moment der Reflexion, des gedanklichen «Spielens» mit dem Befunde, bevor er zur Erhebung des nächsten Befundes weiterschreitet. Der Befund wie das gezeichnete Kunstwerk lassen sich nicht «machen», sondern sie reifen heran, indem der Künstler und Arzt sich mit dem Kinde befasst. Ähnliches wie vom Arzt lässt sich auch vom erfahrenen Erzieher und Psychologen sagen, und es lässt sich bisweilen im Umgang überlegener und gleichzeitig liebevoller Eltern mit ihren Kindern beobachten.

Zur Nähe gehört die Herzlichkeit, die echte Anteilnahme, das tiefe Interesse (Dabei-sein); zur Distanz gehört das Überlegen, Be-ur-teilen, das Wissen, die Fachkenntnis. Vielfach sind die Fehlentwicklungen in allen Bereichen, in denen man sich mit Kindern befasst, wenn das eine — die Nähe — oder das andere — die Distanz — verlorengeht. In der Medizin droht Kurpfuscherei und Fehldiagnose auf der einen, leblose und angsterregende Krankheitstechnik auf der anderen Seite. Beides hilft den Patienten nicht. Die Erziehung kann in haltlose Schwärmerei entgleisen oder in skrupellose Manipulation, die Psychologie verliert sich in unwissenschaftliches Spintisieren oder in unpersönliche Psychometrie; beides zielt an der Wirklichkeit des lebendigen Kindes vorbei. Eltern, welche nicht mehr in die Nähe des Kindes hinfinden, können ihm die notwendige Geborgenheit nicht geben, und jene, welche sich nicht mehr distanzieren können, verlieren die eigene Richtung und entziehen dem Kind die seelische Sicherheit, deren es zur Entwicklung bedarf.

Die Kinderzeichnungen dieses Buches sind das Werk eines Künstlers und gleichzeitig und in gleichem Mass eines hervorragenden Arztes. Das macht sie zu einem Lehrmittel besonderer Art, indem sich Einfühlung und Anteilnahme mit präziser Beobachtung und Heraushebung des Wesentlichen verbinden. Diese Verbindung ist für das Kind unserer Zeit, das von den Interessen der Erwachsenen erdrückt zu werden droht, und für die Erwachsenen selbst, die an ihren eigenen Kindern vorbeizuleben drohen, von grösster Bedeutung, menschlich und fachlich.

Mit Willy Dreifuss ist der Herausgeber auf vielfache Art verbunden: Er war seinerzeit als Kind dessen Patient und verdankt ihm entscheidende ärztliche Hilfe; er ist ihm seither als einem älteren und fachlich wegweisenden Freund verbunden. Auf Grund seiner Notizen wurde der kurze Kommentar zu den Zeichnungen verfasst, der dem Betrachter erste Hinweise geben soll. Freilich, die wichtigsten Entdeckungen und den wirklichen Zugang muss der Betrachter selbst erarbeiten. Ein Bild von der Persönlichkeit des Autors gibt ihm dabei Frau Rita Suppiger. Sie hat mit dem Künstler dessen Gesamtwerk gesichtet, bei der Auswahl der Zeichnungen mitgeholfen, die Gesprächsnotizen über das Zeichnen aufgenommen und redigiert sowie die Angaben über Person und Wirken von Willy Dreifuss zusammengetragen.

Einem Werk wie demjenigen von Willy Dreifuss steht eine Widmung wohl an; sie möge lauten: der Sache des Kindes.

Zürich, Juni 1977   Der Herausgeber

Werk und Person des Zeichners

Willy Dreifuss: Lebensskizze

Ich bin im letzten Jahrhundert geboren (1897) und habe das Geschenk einer unerhört glücklichen Jugend gehabt. Meine Mutter, eine ausgebildete Konzertpianistin, hat uns Kinder—trotzdem wir in einem kleinen Dorfe wohnten — an alle Künste herangeführt. Ich galt als Zehnjähriger schon als bester Violinist im Dorfe, was zu dem grotesken Erlebnis führte, dass ich, als jüdischer Knabe, in der Mitternachtsmesse mit Orgelbegleitung das Largo von Händel spielen durfte ...

Mit 15 Jahren kam ich in die Stadt Zürich zur Schule. Während der Gymnasialzeit arbeitete ich zwei Abende pro Woche im Atelier des Kunstmalers Eduard Stiefel, lernte bei ihm Modellzeichnen und die graphischen Techniken. Freilich wagte ich nicht — so waren damals die Zeiten — meinem Vater die Aktzeichnungen zu zeigen und brachte jeweils nur einen porträtierten Kopf oder das Bild eines angezogenen Greises mit nach Hause. Zeichnen und Musik gehörten zu den Grundlagen meines Seins.

Mein Medizinstudium war dadurch aber nie in Frage gestellt. Nach dem Staatsexamen (1922) spezialisierte ich mich für innere Medizin; später gefielen mir die Erwachsenen nicht mehr. So wechselte ich denn zur Kinderheilkunde, in der ich meine volle Befriedigung fand. Da ich immer alles Lebendige, das mich affektiv berührte, abgezeichnet habe, musste ich gleichsam zwangsmässig auch unzählige meiner Patienten skizzieren. So hat dieses Buch seine Grundlage gefunden.

Dr. med. Willy Dreifuss erklärt einem Mädchen eine seiner Zeichnungen.
Foto Klaus Hennch, Bächlerstrasse 34, 8802 Kilchberg ZH.

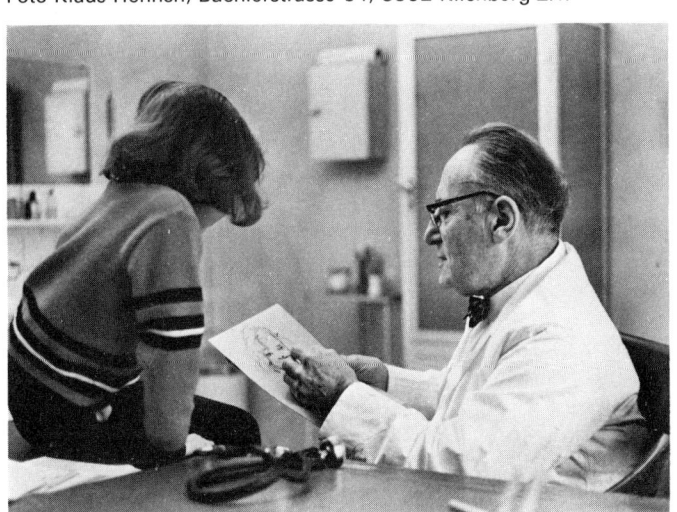

1925 heiratete ich in Wien. Meine Frau schenkte mir eine Tochter und einen Sohn. Ich habe ihr unendlich viel zu verdanken, was meine künstlerische Entwicklung betrifft. Sie war mir eine gestrenge Kritikerin und sah jeweils in erstaunlicher Weise, wo irgendein Fehler lag. Bis etwa 1953 habe ich keine Zeichnungen behalten; mich freute das Zeichnen an sich, das fertige Bild schenkte ich meistens dem Modell oder vernichtete es. Eines Tages riet mir meine Frau, die Skizzen doch aufzubewahren, um zu sehen, wie ich mich weiter entwickle. Heute sind es wohl an die 7000 Zeichnungen.

Krankheit hat mich leider gezwungen, nach 45jähriger Praxis in den Ruhestand zu treten, nachdem ich etwa 150000 Kinder behandelt habe ...

Veröffentlichungen und Ausstellungen von Willy Dreifuss

Bücher

So sahen wir sie spielen. Orell Füssli Verlag, Zürich 1961
Der Nächste bitte. Verlag Hans Huber, Bern 1969
Einzelpublikationen in verschiedenen Fachzeitschriften

Illustrationen

In: Normae infantium. Hoffmann-La Roche, Basel 1959/60
In: Willy Dreifuss — an appreciation. Gestetner, London 1960
In: Harold C. Schonberg: Die grossen Dirigenten. Scherz Verlag, Bern 1967
In: Peter Heyworth: Conversation with Klemperer. Verlag Victor Gollanz, London 1973
Einzelreproduktionen im Zusammenhang mit der pharmazeutischen Industrie

Einzelausstellungen

1959	Kunsthalle Luzern
1960	Royal Festival Hall London
1960	Edinburgh Tolbooth-Museum
1961	Galerie Ronca-Haus Luzern
1963	Galerie Gerhard Basel
1969	Galerie Läubli Zürich
1970	Royal Festival Hall London
1970	Kunstgesellschaft Konstanz
1971/72	in 4 Städten in Israel
1972/73	Galerie Rotapfel Zürich
1973	Stadthaus Zürich (anlässlich des 75. Geburtstages)

Kollektivausstellungen

Seit 25 Jahren alljährlich mit anderen zeichnenden und malenden Ärzten
1954/56 Salon des Indépendants Paris (Diplôme d'Honneur)
1975 Zentralbibliothek Zürich
1976 Kirche Fluntern
1977 Galerie Alte Mühle Otelfingen
1977 Sigristenkeller Bülach

Rita Suppiger: Aus Gesprächen mit Willy Dreifuss

Ein breites Fenster in dem mit Kostbarkeiten ausgestatteten Wohnzimmer gibt den Blick auf den von der Novembersonne beschienenen Zürichsee frei. Da beginnt Dreifuss erstmals aus seinem Leben zu erzählen. Tiefer Ernst überzieht sein Gesicht, wenn er sich an schwere Krankheiten oder harte Schicksale seiner Patienten erinnert; mit heller Begeisterung weiss er von unzähligen Musikerlebnissen zu berichten; zwischendurch entnimmt er einer prallen Mappe schmunzelnd ein paar skurrile Karikaturen ... In allen seinen Schilderungen – damals und später – schimmert noch immer Zärtlichkeit für «seine kranken Kinder» durch. «Ich bin und bleibe ein Kindernarr!»

Das Porträtieren

Beim Betrachten und Auswählen der Zeichnungen für dieses Buch kamen wir oft auf die Frage nach dem Entstehen von Kunstwerken zu sprechen.
Karl Böhm hat darüber geschrieben: «Es ist schwer, mit einem schöpferischen Menschen über den Schöpfungsprozess selbst zu sprechen. Erstens vollzieht sich dieser Prozess unter der Oberfläche und entzieht sich dadurch meist der realen Beurteilung durch den Creator selbst, und zweitens verwehrt es ihm eine spirituelle Schamhaftigkeit, darüber zu sprechen und seine Geheimnisse der Welt preiszugeben.»
Dreifuss versuchte in seiner liebenswürdigen Art immer wieder zu erklären, wo die Wurzeln der Entstehung seiner Werke zu suchen sind, welche Empfindungen ihn beim Skizzieren leiteten und was er mit den Zeichnungen zu erreichen hoffte. In seinen handschriftlichen Notizen fand sich eine charakteristische Äusserung über die menschliche Bereicherung, die das Zeichnen gerade auch für den Arzt bedeuten kann: Förderung der Beobachtungsgabe – die Freude, genauer zu erkennen – die Möglichkeit, Gesehenes besser festzuhalten – das beglückende Gefühl der schöpferischen Tat, die nach langem Bemühen ihr Ziel erreicht – die Möglichkeit, mit dem Zeichnen andere Menschen zu erfreuen.
In einem seiner Vorträge heisst es: «Einen Aspekt der figürlichen Darstellung und ganz speziell des Porträtierens will ich erwähnen. Ich meine den prinzipiellen Unterschied zwischen der sogenannten abstrakten Kunst und der Kunst, die sich *die* Welt wiedergibt, die uns umgibt, in der wir leben. Das sind zwei vollständig verschiedene Künste, von der jede für sich völlig andere Empfindungen im Beschauer erweckt. Das ist und bleibt verwurzelt in dem künstlerischen Wiedergeben alles Lebenden; doch mit dem Wiedergeben zeigt er (der Künstler) uns das innere Wesen des Modells, zeigt er Wesenszüge, die uns verborgen wären, Ähnlichkeiten, ja sogar Gedanken des Abgebildeten ...»
Dreifuss hat zeitlebens scharf beobachtet und mit flinker Strichführung genau wiedergegeben, was er gesehen hat, immer im vollen Bewusstsein, dass «Genauigkeit und handwerkliches Können keine Fesseln der Freiheit sind, sondern vielmehr Tore zur Freiheit» (Max von Moos).
Das Denken wie der bewusste Darstellungswille wurden ausgeschaltet. Der Künstler gewöhnte sich daran, mit den Porträtierten zu sprechen, um jegliches Denken beim Zeichnen zu vermeiden. Zeichnen*wollen* bedeutete für ihn eine vorweggenommene Interpretation; *bewusst* legte er nichts in die Zeichnung hinein. Er gab sich auch nicht Rechenschaft darüber, ob ein Mensch beispielsweise schön sei, dumm oder von Depressionen geplagt. «Wenn ich einen Menschen genau abzeichne, dann ist das, was aus ihm herausscheint, ganz einfach da.» Auch der Gedanke an die anatomischen Grundsätze und die Proportionen (so wichtig deren Beherrschung ist) fiel beim Zeichnungsakt selbst weg.
Der Anstoss zu einer Zeichnung lag für Dreifuss in einer emotionellen Regung. Jede seiner Skizzen setzte eine innere Beziehung zum Objekt, eine affektive Zuneigung voraus. «Ich war so stark beeindruckt, es bewegte mich innerlich dermassen, ein von tiefster Verzweiflung geprägtes Gesicht zu sehen oder ein wehrloses leidendes Tier,

dass ich – wie unter einem Zwang stehend – das Erblickte festhalten musste.» Freilich, betonte der Künstler, sei er nie ganz zufrieden gewesen mit seinen Zeichnungen. Wohl gelang es ihm mühelos, Ähnlichkeiten festzuhalten (die Ähnlichkeit von Zeichnung und Modell entstehe übrigens durch die Wiedergabe der Asymmetrie eines Gesichtes; jedes menschliche Antlitz ist asymmetrisch). Lange Zeit fand er eine gewisse Steifheit in seinen Porträts. «Ich weiss nicht, woher es kam: eines Tages betrachtete ich endlich eine Zeichnung insofern als gelungen, als sie für mich den Menschen selbst darstellte; das Bild lebte. Ich habe es auch immer als wohltuend empfunden, wenn jemand im Anblick eines meiner Bilder nicht von der ‹Zeichnung› sprach, sondern von dem ‹Gezeichneten›, ihn also als lebendig empfand.»

Ein englischer Kunstkritiker behauptete einmal, das Werk von Willy Dreifuss sei sentimental. Diese Aussage bedeutet für den Künstler noch heute das schönste Kompliment: er wollte ja zeigen, was ihn beim Anblick dieses oder jenes Menschen innerlich bewegte.

Um noch eine wichtige Voraussetzung für das Porträtieren aufzuführen: Das Gesicht des Modells muss leben. Der zu zeichnende Mensch soll angeregt sein durch etwas, was ihn interessiert. Dreifuss porträtierte einmal einen Schreiner, der vorerst überaus gelangweilt dasass. Da fing der Künstler an, ihn nach den verschiedenen Holzarten zu fragen. Das Gesicht des Schreiners belebte sich zusehends, als er über sein ureigenes Gebiet Auskunft geben konnte ... Das Sprechen mit dem Modell setzt natürlich eine grosse zeichnerische Erfahrung und Fertigkeit voraus.

Porträtieren von Kindern als diagnostisches Hilfsmittel

Vieles hat sich in der Medizin im Lauf der Jahrzehnte, die Dreifuss als Arzt durchlebte, gewandelt: Verfeinerte technische Apparaturen, elektronische Geräte, ausgeklügelte pharmazeutische Produkte geben dem heutigen Arzt immer mehr neue Hilfsmittel in die Hand. Als Reaktion auf dieses Übermass an technischen Errungenschaften wird heute der Begriff der psychosomatischen Medizin propagiert. «Für mich», so Dreifuss, «gehörte schon immer beides zusammen: Körper und Seele. Aus diesem Bewusstsein, aus dieser Überzeugung heraus ist auch meine zusätzliche diagnostische Methode des Abzeichnens entstanden.»

Der Arzt hatte jeweils schon beim Beobachten, wie ein Kind zur Sprechzimmertüre hereinkam, gespürt, dass es dem Patientchen psychisch nicht gut ging. Oft erweckte er dann den Anschein, als schreibe er pflichtbewusst die Krankheitsgeschichte auf – dabei zeichnete er das sich unbeobachtet glaubende Kind ab. (Wichtig war nur, dass es davon nichts merkte.) Oft verhalf ihm das Bild später – wenn sich die Türe längst hinter Patient und Begleitperson geschlossen hatte – beim nochmaligen Betrachten zur richtigen Diagnose, oder er fühlte sich bestärkt in ihr.

Kinder geben sich nicht selten so, als seien sie schon recht gut sozialisiert. Sie reichen dem Arzt die Hand und lächeln ihn freundlich an, währenddem sie, wenn sie sich unbeobachtet fühlen, einen tief traurigen oder verängstigten Gesichtsausdruck zeigen. So hat Dreifuss viele Male erlebt, dass er erst aus seiner Zeichnung ersehen konnte, warum der Patient nicht schlief oder nicht ass. Die ganze

11

Angst des kleinen Kranken, weil er in ein Kinderheim verbracht werden oder sich von einem Elternteil trennen sollte, spiegelte sich auf seinem Gesicht.

Hin und wieder geschah es auch, dass Eltern ihr Kind als Simulanten empfanden. Beim Ansehen des vom Kranken angefertigten Bildes mussten auch sie erkennen, dass «etwas nicht stimmte». Oft redete die Zeichnung eine deutlichere Sprache als die Wirklichkeit. Durch das Zeichnen seiner kleinen Patienten gewann der Kinderarzt für die ganzen langen Jahre seiner beruflichen Tätigkeit ein wichtiges diagnostisches Hilfsmittel.

Über die «Schönheit als diagnostisches Merkmal in der Kinderheilkunde» hielt Dreifuss in einem Referat im Kollegenkreis folgende Gedanken fest: «Ein gesundes Kind ist schön. Wenn wir es nicht als schön empfinden, dann ist es krank. Man braucht kein Kindernarr zu sein, um zu diesem Schluss zu kommen. Der Gang, die Bewegungen des Kindes – den Bewegungen einer Katze oder eines Raubtieres zu vergleichen – sind immer schön und für einen einigermassen sensiblen Erwachsenen ergreifend ...»

Zeichnen mit dem Kind und für das Kind

Dreifuss hat in seiner Sprechstunde und bei seinen Besuchen am Krankenbett nicht nur seine Patientchen porträtiert, er hat auch mit ihnen und für sie gezeichnet. Er sah darin die Möglichkeit, eine menschlich unmittelbare, entspannte Beziehung zwischen Arzt und Kind zu schaffen. Es ging ihm dabei auch darum, die kleinen Kranken von Angst und Schmerzen abzulenken. (Die Worte «Angst» und «es tut weh» waren übrigens in seiner Praxis verpönt; sie seien nur im Sprachgebrauch der Mütter vorgekommen ...)

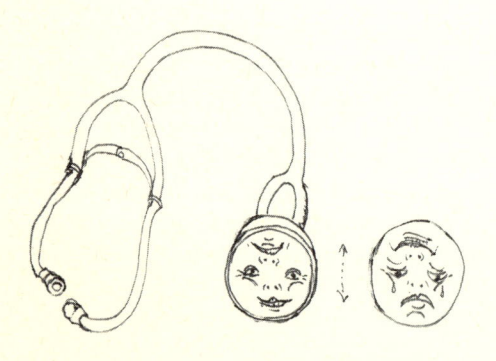

Mit dem «lachenden oder weinenden Stethoskop» hatte der Arzt noch ein originelles Mittel zur angstlosen Untersuchung der kleinen Patienten in der Hand. Er beschreibt es so: «Ich habe unter die Celluloid-Membran des Stethoskops ein Gesicht gezeichnet, das bei ‹braven› Kindern lacht, umgekehrt aber bei ‹widerspenstigen› weint. Alle meine kleinen Patienten liessen sich voll Vergnügen durch den ‹Josefli›, wie sie das Stethoskopgesicht nannten, auskultieren.»

Statt dem kleinen Patienten Süssigkeiten zu geben, fertigte Dreifuss in Windeseile eine lustige Zeichnung an und kam so in der Regel schnell und leicht in Kontakt mit dem Kind. Viele Patienten erschienen später wieder in der Sprechstunde und betrachteten die kleine Zeichnung als Sinn ihres Besuches – die Krankheit war nur noch Nebensache. Der Arzt erzählt: «Ich habe jeweils das Kind am Schreibtisch leicht in den Arm genommen; während ich mit der einen Hand zeichnete, palpierte ich mit der andern seinen Bauch. Die Aufmerksamkeit des Kindes blieb völlig auf die Zeichnung gerichtet, so dass der Bauch keinesfalls gespannt war. Diese Untersuchungsweise bildete einen grossen diagnostischen Wert, weil sich ja z. B. eine Blinddarmentzündung bei einem schreienden Kind kaum feststellen lässt.»

So hat denn der Kinderarzt mit zeichnerischen Kunststücken (er nannte sie «Zauberbilder») seine Patientchen beruhigt und abgelenkt. Eine beträchtliche Anzahl von einer ehemaligen Patientenmutter gesammelter Bildchen – fein säuberlich in ein Album geklebt – legt Zeugnis ab von der Vielfalt der Einfälle des zeichnenden Arztes: da reizt ein eierlegender Elefant zum Lachen, hier stolziert ein Prinzenhund, dort kratzt sich ein vergnügter Affe ... Besonderer Beliebtheit erfreuten sich natürlich die phantasievollen Tierkombinationen. So entstand beispielsweise aus einem Schmetterling und einem Schwein die «Schmettersau», aus einem Schwan und einem Känguruh das «Schwanguruh» und, zum Entsetzen mancher Mutter, aus einem Raben und einem Barsch der «Rabbarsch». Wie manches kleine Kerlchen mag beim Entstehen eines der ungezählten Faltbilder (wo z. B. aus einem winzigen

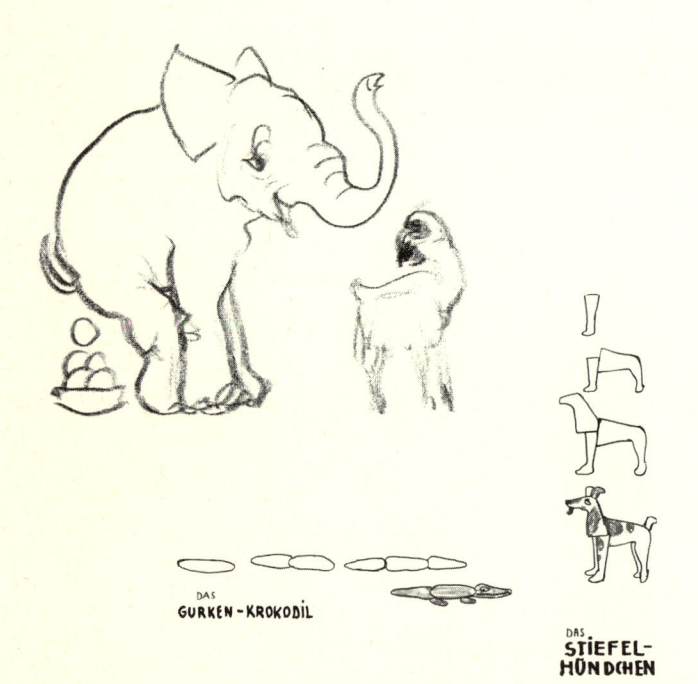

Hund beim Auseinanderfalten des Papiers sich ein ausgewachsener, frecher Dackel entwickelt) die gefürchtete Spitze der Injektionsnadel vergessen haben!

Dreifuss glaubt, dass jedes Kind für das Zeichnen empfänglich sei. Die abgebildeten Zeichnungen vom Gurken-Krokodil und dem Stiefel-Hündchen illustrieren, mit wie geringem Aufwand selbst ein zeichnerisch wenig begabtes Kind zum Zeichnen angeregt werden kann. Viele Kinder pflegten in sein Sprechzimmer einzutreten, den Arzt nur flüchtig zu grüssen und ihm zuzurufen: «Was für ein Tier wollen wir heute wieder zeichnen?»

Die Wirkung dieses Zeichnens mit dem Kind und für das Kind war so populär, dass eine Patientenmutter einmal berichtete, ihr Sohn wolle Kinderarzt werden und nehme nun Zeichnungsunterricht. «Man kann aber beileibe auch ohne Zeichnen ein guter Kinderarzt werden!»

Zeichnen im Konzertsaal

Willy Dreifuss – selbst jahrzehntelang ein hervorragender Geigen- und Bratschenspieler – fand ein weiteres künstlerisches Betätigungsfeld beim Skizzieren im Konzertsaal. Es reizte ihn, Ausdruck und Bewegungen von Dirigenten und Musikern oder auch die Versunkenheit der Zuhörer mit schnellem Stift festzuhalten. In einem von Dreifuss verfassten Zeitungsartikel steht: «Der Hauptgrund, weshalb ich im Musentempel zu zeichnen anfing, war wohl die Faszination, welche nun einmal von einem seine Bewegtheit in Bewegung ausdrückenden Menschen ausgeht. Möglicherweise hat mich auch die Schwierigkeit gereizt, ein keinen Moment ruhiges Modell auf's Papier zu bannen, sozusagen mit dem Bleistift einen Schnappschuss zu machen ...»

Auf die Frage, ob er denn die Musik «trotz» des Zeichnens habe in sich aufnehmen können, entgegnete der Künstler, dass es ihm mit der Zeit gar nicht mehr möglich gewesen sei, Musik zu hören, ohne dabei zu zeichnen. Unzählige mit Musikerbildnissen angefüllte Mappen lassen die Welt der Musik, die Dreifuss so viel bedeutet, in seiner Studierstube auferstehen. Und viele nette Begebenheiten reihen sich um seine Konzertbesuche im In- und Ausland; eine der kürzesten sei hier wiedergegeben: Der Arzt bat den von ihm verehrten Arthur Rubinstein nach einem Konzert um Signierung zweier Zeichnungen. Auf das eine Blatt schrieb der Meister: «Arthur Rubinstein», auf das gleichzeitig vorgelegte andere, eher misslungene aber: «Arthur Rubinstein?».

Zeichnen von Menschen im Alltag

Neben Hunderten von Zeichnungen von kleinen Patienten und musizierenden Künstlern füllen noch viele andere Schachteln und Mappen die Regale. Sie sind – um nur ein paar wenige aus der Vielfalt herauszugreifen – beschriftet mit: Greise – Ärzte – Einsame Esser – Alkoholiker – Päpste. Nichts, gar nichts Lebendiges blieb vor seinem Zeichenstift sicher!

Neben dem Arztköfferchen stand immer auch eine Tasche mit Zeichenutensilien im Auto bereit. Ein Stücklein Kreide oder Rötel, manchmal auch nur ein Bleistiftstummel, steckte ohnehin in seiner Kitteltasche. «Ich liebe den Silberton des Bleistifts ...» Und: «Eigentlich wollte ich immer einmal in eine Papeterie, um schönes Zeichenpapier zu kaufen.» Aber bevor Dreifuss seinen Vorsatz in die Tat umsetzen konnte, waren schon wieder eine ganze Reihe von Zeichnungen auf Fetzen Packpapier, auf Rezeptzettel, auf Reste von Geschenkpapier oder auf alte Werbeprospekte hingeworfen.

So konnte es geschehen, dass der Arzt auf Dienstfahrt seinen Stift zückte, um vier alte Damen bei der nachmittäglichen Plauderstunde zu konterfeien. (Sie sassen immer noch dort, als er nach etlichen Krankenbesuchen wieder an ihrer Sitzbank vorbeifuhr ...)

Auf die Rückseite zahlreicher Menukarten sind heiter geniessende, häufiger aber einsame, von innerer Tragik umgebene Menschen gebannt worden.

Einmal zeigte Dreifuss auch strahlend das wohlgelungene Bild von Papst Johannes XXIII. In der Zeitung stand als Kommentar zu dieser Zeichnung, dass sie in Audienz beim Papst entstanden sei. Anfänglich wollte er die Falschmeldung dementieren, tat es dann aber doch nicht. Schliesslich habe der Papst ja tatsächlich eine Audienz gegeben. «Nur nicht mir», lachte der Zeichner schalkhaft, «ich habe ihn während einer kurzen Ansprache am Bildschirm gezeichnet.»

Karikaturen

«Der Humor nimmt die Welt hin, wie sie ist, sucht sie nicht zu bessern, zu bekehren, sondern sie mit Weisheit zu ertragen, da sie doch nur eine närrische Welt ist und bleiben wird.»   Charles Dickens

Die meisten der Karikaturen von Dreifuss entstanden aus dem Bedürfnis, seine Rolle als Arzt selbstironisch zu betrachten, oder auch als stille Racheakte gegenüber Kollegen, die sich selbst wichtiger nahmen als ihre Patienten. «Meist habe ich irgend etwas vor mich hingekritzelt, ohne mir ein besonderes Thema vorzunehmen. Erst hernach suchte ich mir jeweils einen entsprechenden Text dazu heraus; vielfach erübrigte er sich aber.»

Eine andere Art, die Menschen zum Lachen zu bringen, besteht darin, «das Unwahrscheinlichste mit dem Bild zu verbinden». Wertvolle Anregungen zu dieser besonderen Philosophie des Lachens empfing der Künstler durch die Bücher des französischen Philosophen Henri Bergson.

Rückblick

Unsere Gespräche über «seine Kinder», über den Wert und die Schönheit des Zeichnens und über den Reichtum der Musik waren während langer Wintermonate bis hin zum Frühjahr von Heiterkeit erfüllt. «Es geht um so etwas Ernstes, und wir lachen so viel ...» Da war kein Klagen um Vergangenes. Nur hie und da klang ein leises Bedauern mit, dass die Krankheit energielos mache – wo es doch noch eine Unmenge zu tun gäbe. Mit dem ihm eigenen Schalk tröstet sich Dreifuss denn auch gleich wieder darüber hinweg: «Ich kann rechnen wie ich will, ich zähle einfach bald 80 Jahre.»

Stösse von Zeichnungen liegen zum Auswählen bereit: vergnügte und bedrückte Gesichter von Kindern, von reifen erwachsenen Menschen – das schon im Zerfallen begriffene Antlitz von Greisen – skurrile Gestalten aus dem Alltag – Musiker mit sanftem Bogenstrich, Dirigenten mit weit ausholenden Bewegungen. Mit umfassender Handgebärde deutet Willy Dreifuss auf die über den Tisch ausgebreiteten Skizzen: «Dies alles sind meine Memoiren!»

Willy Dreifuss
Kinderzeichnungen

erläutert von Heinz St. Herzka

1. Alters- und Entwicklungsstufen

(Zeichnungen 1–28)

Die Zeichnungen wollen die vielfältigen Entwicklungs- und Reifungsvorgänge veranschaulichen. Hinter den individuellen Persönlichkeiten, die sie darstellen, werden jeweils auch allgemeine Eigenheiten bestimmter Lebensabschnitte ersichtlich, wie die umfassende mimische Reaktion des jungen Säuglings, sein unverhohlener Blick, die Konzentration bei wichtigen neuen Entwicklungsschritten, aber auch die ernsthafte Kontemplation.

Der Zeichner bringt die sich wandelnden Proportionen der Physiognomie zum Ausdruck und verschiedenste Stellungen zur Umwelt, die aus dem Blick des Kindes sprechen.

Die letzten drei Bilder des gleichen Mädchens in drei verschiedenen Lebensaltern (28 a-c) zeigen nochmals an einem Menschen die Ausprägung des Gesichtsausdrucks im Verlauf der Kindheit, welche die früheren Zeichnungen an mehreren Kindern und Jugendlichen veranschaulichen.

Der Leser möge bei jeder Zeichnung verweilen, sich gewissermassen mit dem Gesicht des Kindes auf ein Gespräch einlassen. Er versuche zu erraten, was das Kind bewegt. Ist er mit der Gesamtgestalt der Zeichnung vertraut, kann er beginnen, einzelne Teile für sich zu betrachten und gegeneinander abzuwägen. Er wird dann entdecken, wie etwa ein kindlicher Mund zu einem ernsten, frühreifen Blick des Kindes im Kontrast steht. Er möge auch selbst nach Worten und Redewendungen suchen, mit denen formuliert werden kann, was die Mimik der Kinder ausdrückt. Besonders bei den ältern Kindern ist bemerkenswert, wie das Kind «den Kopf trägt», wie überhaupt die ganze Haltung des Körpers Teil des Ausdrucks ist.

Wenn man sich einlässlich mit den einzelnen Kindern befasst, versuche man verschiedene Zeichnungen miteinander zu vergleichen und sich die Wandlung bewusst zu machen, die etwa zwischen dem Neugeborenen und dem Kleinkind liegt oder zwischen dem Kleinkind und dem Schüler, dem Schüler und dem Pubertierenden.

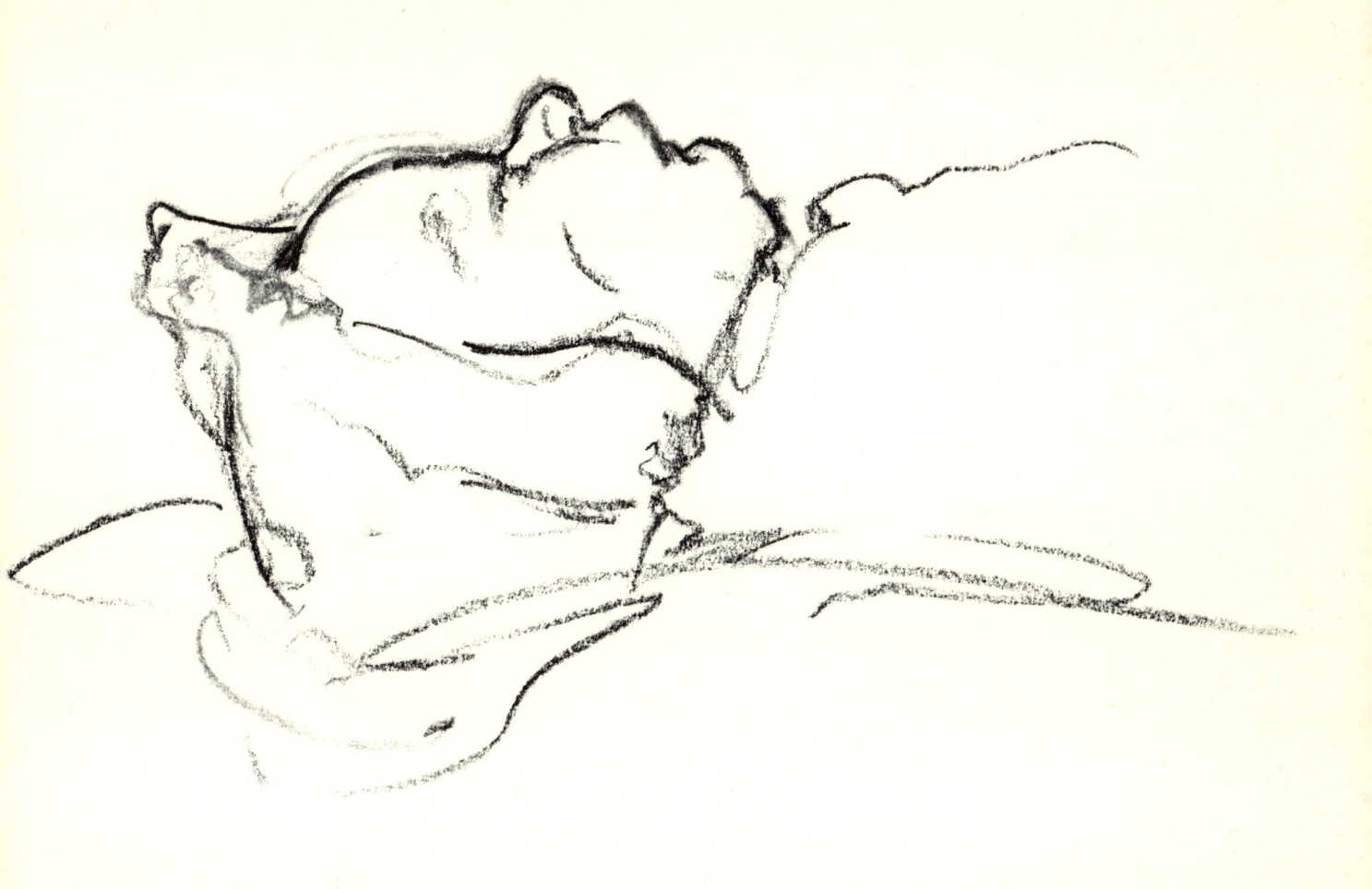

1
Das Neugeborene nimmt mit der Umwelt noch keine aktive Beziehung auf: Es kann noch nicht hinschauen, es horcht nicht, und es lächelt zunächst noch nicht.

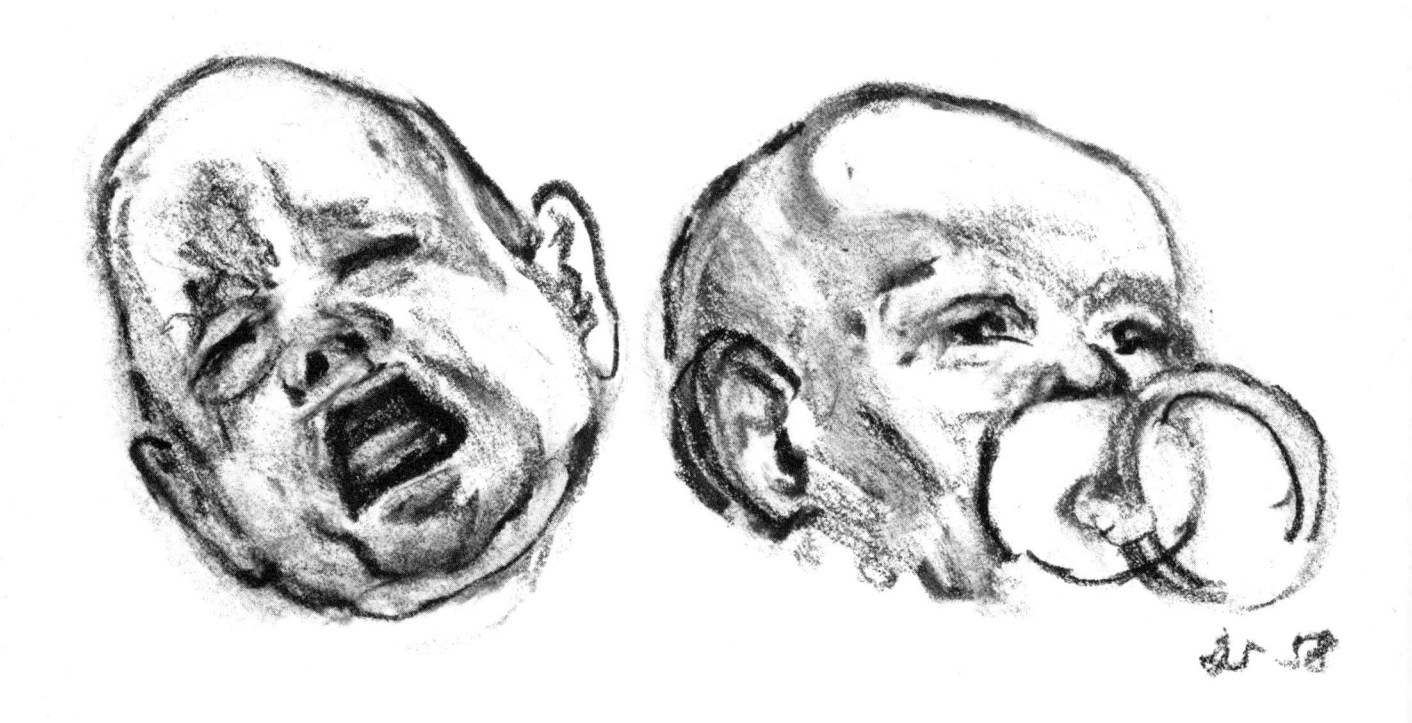

2/3
In den ersten zwei bis drei Lebensmonaten wendet sich der Säugling aktiv der Umgebung zu: Er beginnt zu schauen, zu horchen und antwortend zu lächeln. Fühlt er sich unwohl, so zeigt er dies rasch mit heftigem Weinen und Schreien an, wobei das ganze Gesicht einen unglücklichen Ausdruck annimmt. Nicht nur der Mund schreit, sondern auch die Augen werden zusammengedrückt, die Stirne in Falten gelegt, die Hände ballen sich zur Faust, Arme und Beine werden angezogen, und der ganze Körper scheint zu schreien.

4/5
Allmählich stemmt oder zieht das Kind seinen Kopf und Oberkörper aus der Bauchlage empor. Gleichzeitig beobachtet es mit immer wacheren Sinnen aufmerksam seine Umgebung und nimmt lebhaften Anteil an ihr. Beide Kinder beobachten den Zeichner mit dem direkten, aufmerksamen, etwas verwunderten Blick, wie er kleinen Kindern eigen ist und in dieser Unverhohlenheit beim Erwachsenen kaum mehr vorkommt.

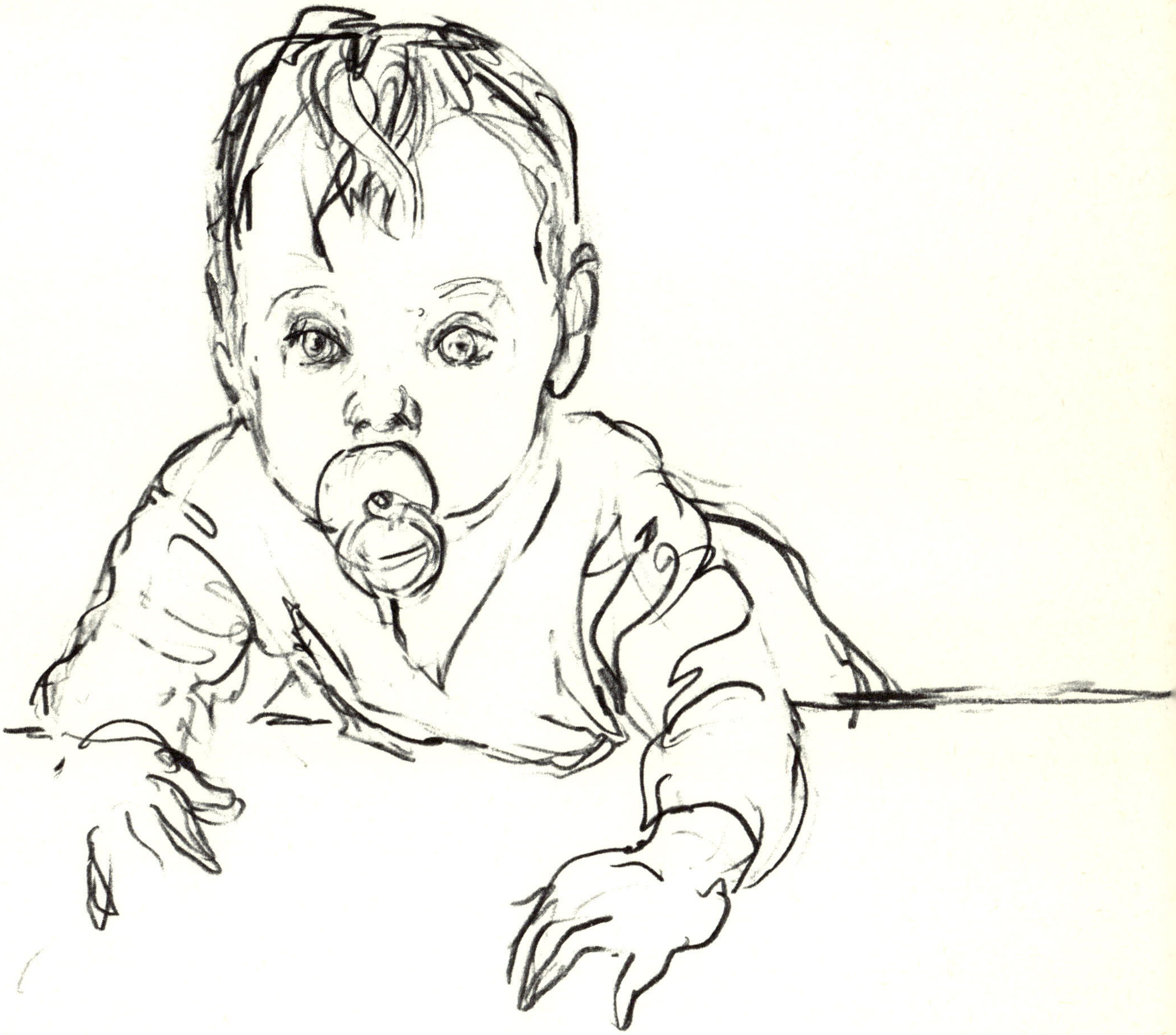

6/7
Das Aufrichten ist nicht etwa nur als ein Fortschritt in der Bewegungsentwicklung zu verstehen. Vielmehr ist die Entwicklung zum Kriechen und Gehen auch das sichtbare Zeichen dafür, dass das Kind in zunehmendem Mass seinen Körper meistert und sich seiner Umwelt bemächtigt, indem es sie mit Initiative und Ausdauer erkundet. Bei den ersten Gehversuchen stützt es sich dabei zunächst noch an Gegenständen oder an der Wand ab (7).

8
Die ersten freien Schritte fordern grösste Konzentration.
Auf dem Gesicht des Kindes ist abzulesen, welches Abenteuer das freie Gehen zunächst bedeutet.

9
Die Entwicklungen, die das Kind selbständiger und unabhängiger machen, erfüllen es mit Ernst. Der nach innen gewendete Blick und der in den Mund gesteckte Finger zeigen dem Beobachter, wie das Kind mit sich selbst beschäftigt ist.

10
Während alle Bemühungen, die zur eigenen Selbständigkeit führen, für das Kind mit grosser Anstrengung und Anspannung verbunden sind, ist es im Arm der Mutter gelöst und geborgen. Sein Blick ist jetzt nur noch aufmerksam, aber viel ruhender und entspannter als etwa in den Zeichnungen 5 und 8.

11
Diese Porträtstudie zeigt die hohe Stirn, die vielen ganz jungen Kindern eigen ist, und einen angedeuteten Schmollmund. Die Physiognomie ist geprägt durch den in diesem Alter verhältnismässig kleinen Unterteil des Gesichts und bei diesem Kind besonders durch die langen dunkeln Wimpern, die zu dem lustig gekrausten Haar einen Kontrast bilden.

12
Am Ende des zweiten Jahres und im dritten durchlebt das Kind die Trotzphase. Aus dem munteren Säugling wird ein wesentlich reiferes «Persönchen», das nicht nur sich mit Sicherheit aufrecht zu bewegen gelernt hat und seine Umgebung kennt, sondern jetzt auch sprechen kann und damit wesentlich unabhängiger und selbst in der Begegnung mit fremden Menschen auch beziehungsfähiger geworden ist. Der Gesichtsausdruck wandelt sich rasch, durchläuft alle Stufen menschlicher Mimik. Er ist keineswegs immer so unbeschwert, wie ihn sich Erwachsene oft idealisiert vorstellen, sondern verrät vielmehr häufig eine gewisse Tragik der frühen Lebenserfahrung.

13
Die Physiognomie dieses etwa fünfjährigen Knaben ist durch die stark abstehenden Ohren geprägt, die markanten, fast etwas geschnitzt wirkenden Gesichtszüge. Der Blick ist nicht nur forschend, sondern verrät auch kritische Überlegung. Man hat den Eindruck, dass das Kind «sich seine Sache denkt».

14/15
Die Proportionen des Kindergartenkindes sind deutlich anders als jene des Säuglings: Die Stirne ist nicht mehr so hoch, der Abstand zwischen Mund und Nase wird geringer. Der Blick wird immer klarer, oft deutlich selbstbewusst, manchmal urteilend und kritisch, manchmal etwas scheu und misstrauisch. Die Mimik ist keinesfalls mehr so unbeschwert, wie sie etwa noch beim jungen Säugling ist. Das Kind hat seine erste Lebenserfahrung hinter sich.

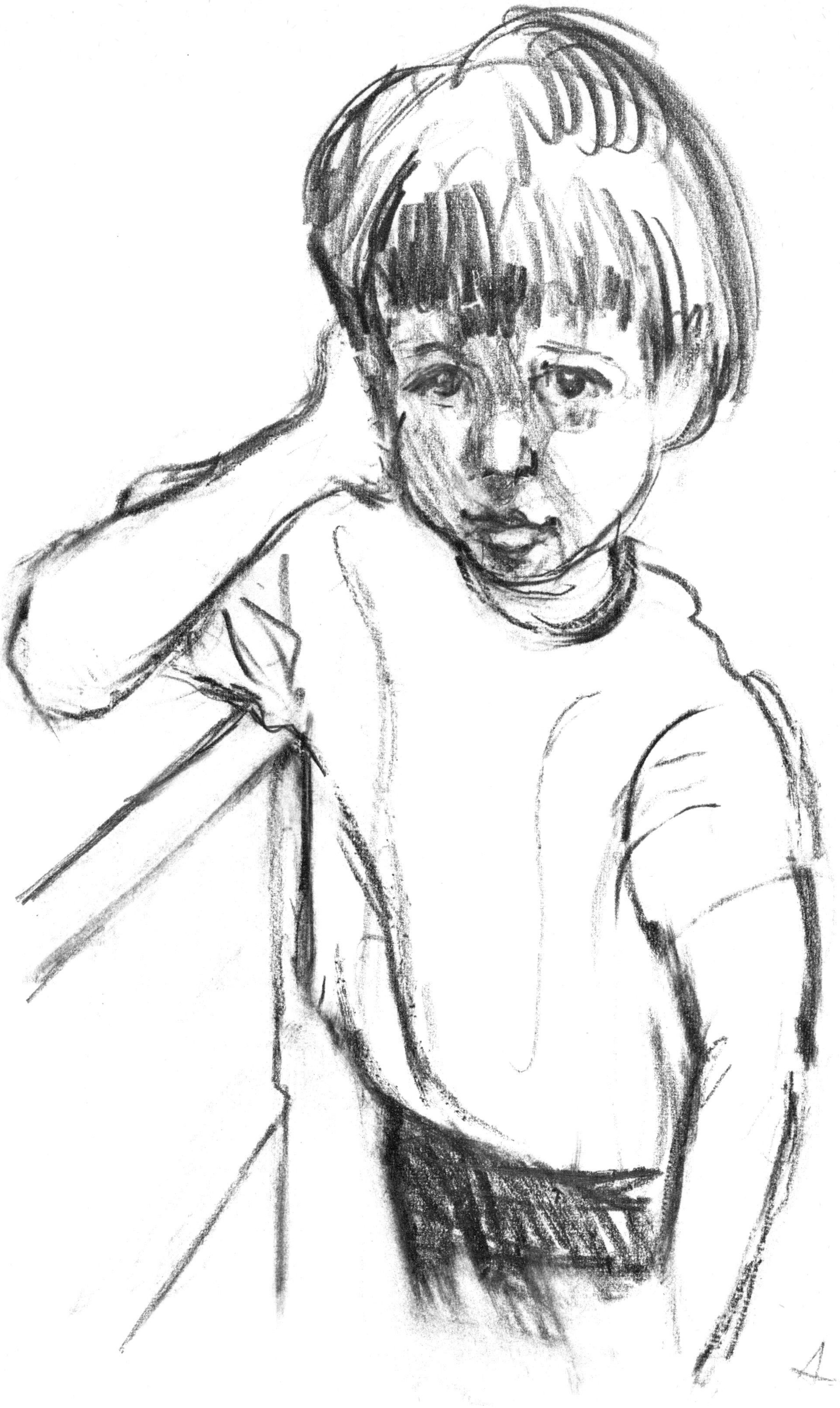

16
Bild eines Schülers, gezeichnet, während er von seinen Schulerlebnissen berichtet. Während die Gebärde und der sprechende Mund an einen Erwachsenen erinnern, haben die Augen noch einen träumerischen, kindlichen Ausdruck bewahrt.

17
Dieser Zwölfjährige wurde gezeichnet, während der Arzt sich mit der Mutter unterhielt. Der Gesichtsausdruck hat etwas Misstrauisches, Altkluges, das durch die Brille betont wird. Der Blick an der Schwelle zur Pubertät wirkt erwachsen. Die Mundpartie hat hingegen noch einen weichen, kindlichen Ausdruck.

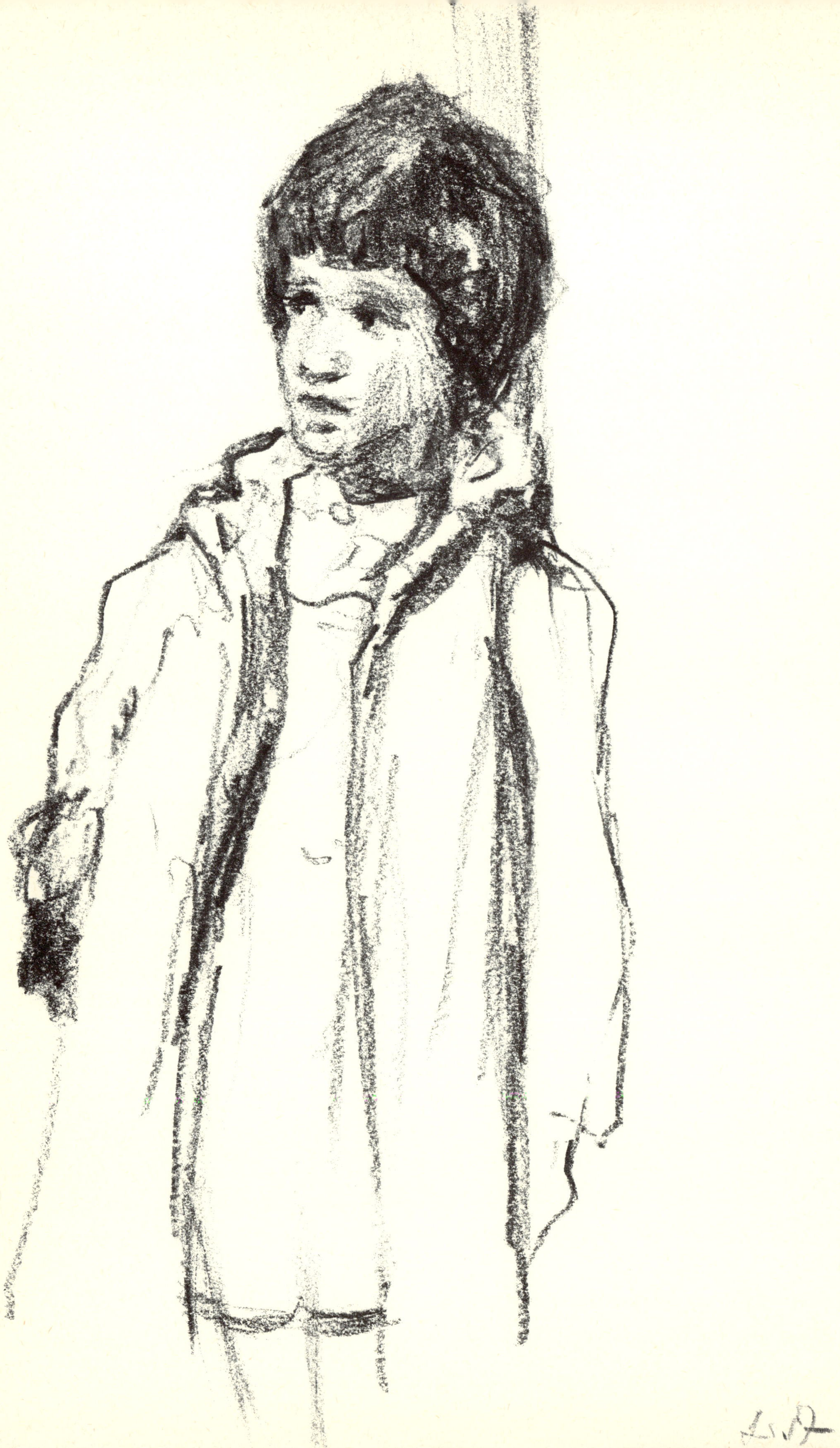

18/19
Beide Mädchen im frühen «Backfischalter», in der frühen Pubertät, haben schon etwas Damenhaftes in Gesichtsausdruck und Körperhaltung. Das eine Mädchen blickt fragend und erwartungsvoll, das andere eher verträumt und in sich gekehrt. Stimmung und Mimik wechseln in diesem Alter häufig zwischen kritisch-forschendem Ausdruck und verinnerlichter Besinnlichkeit.

20
Der schulentlassene Fünfzehnjährige zeigt die oft unharmonisch wirkenden Proportionen des Flegelalters. Der Eindruck wird noch unterstrichen durch den zu kurz gewordenen Rock. Der rasch wachsende und sich verändernde Körper wird dem Kind vorübergehend fast fremd; es weiss nicht recht, wohin mit Armen und Beinen, und ist froh, sich irgendwo halten oder aufstützen zu können. Im Gesichtsausdruck verrät sich eine gewisse Abkapselung, die in der Pubertät oft vorübergehend vorkommt.

21
Ein frühreifes, musikalisch begabtes und intelligentes
Mädchen.

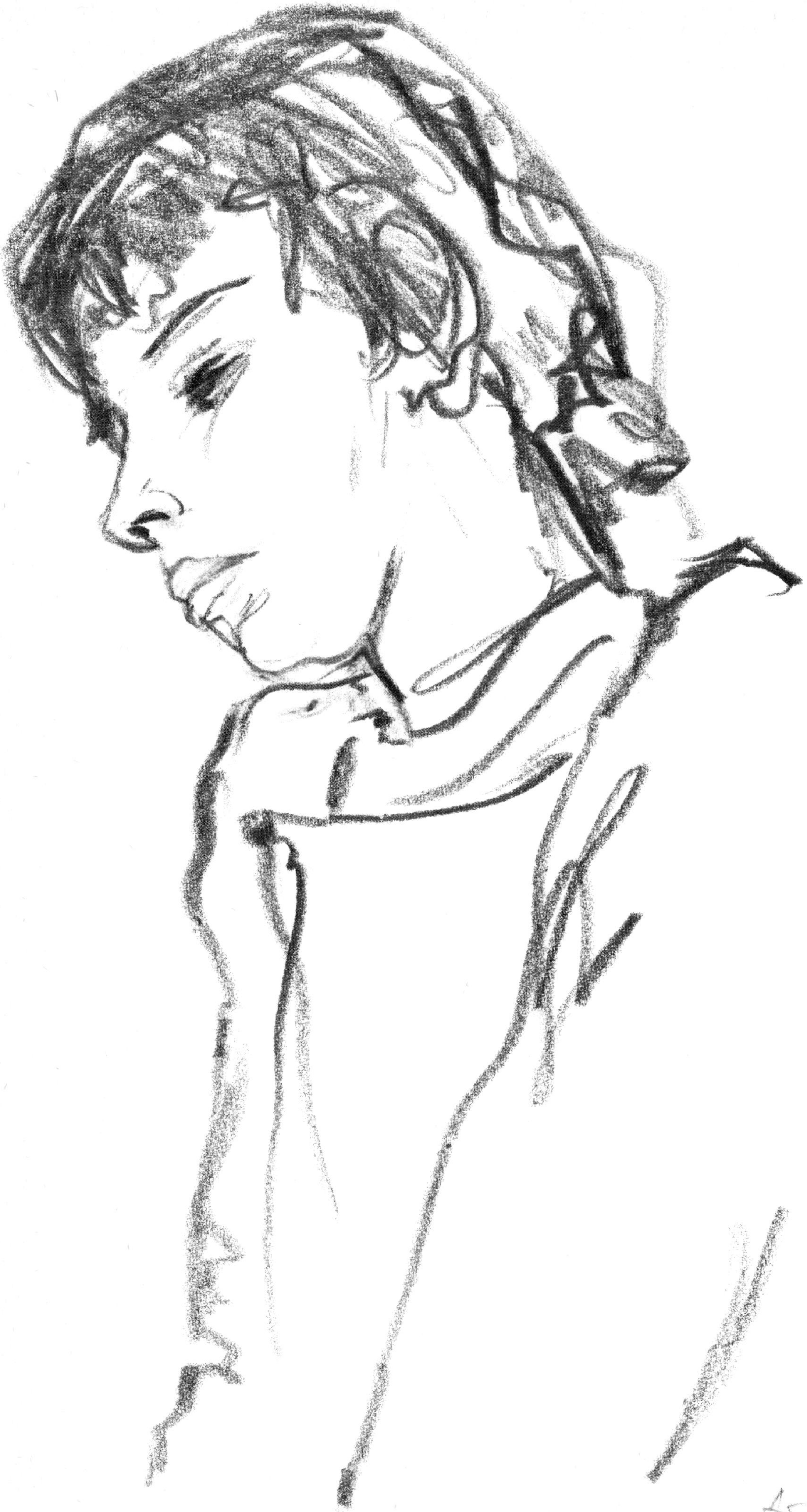

22/23
Zwei Porträtstudien von Kindern in der Pubertät.

24
Ein Gymnasiast mit dem Berufswunsch, Pfarrer zu werden (dem er später nicht nachlebte).

25
Eine junge Dame in Turnkleidung. Der Blick hat etwas Wissendes, wie ihn junge Menschen haben, die schon Schwieriges erlebt haben, wie etwa Krankheit der Eltern. Die Desillusionierung, die zur Reifung gehört, ist schon weit fortgeschritten. Dieses Gesicht ist gewohnt, der Realität in die Augen zu sehen.

26/27
Zwei Gesichter junger Menschen an der Schwelle zur Adoleszenz. Während das eine sorgenvoll umwölkt ist, verrät das andere eine gewisse abgeklärte Lebenserfahrung. Die ganze Erscheinung dieses Jungen (27) macht den Eindruck, als hätte er gelernt, seine Wirkung auf die Umgebung zu beurteilen, um sich mit ihr zu arrangieren, während der andere Knabe (26) mit ihr noch in Unfrieden und Hader lebt. Solche Interpretationen sind natürlich recht subjektiv, und der Gesichtsausdruck wechselt auch häufig.

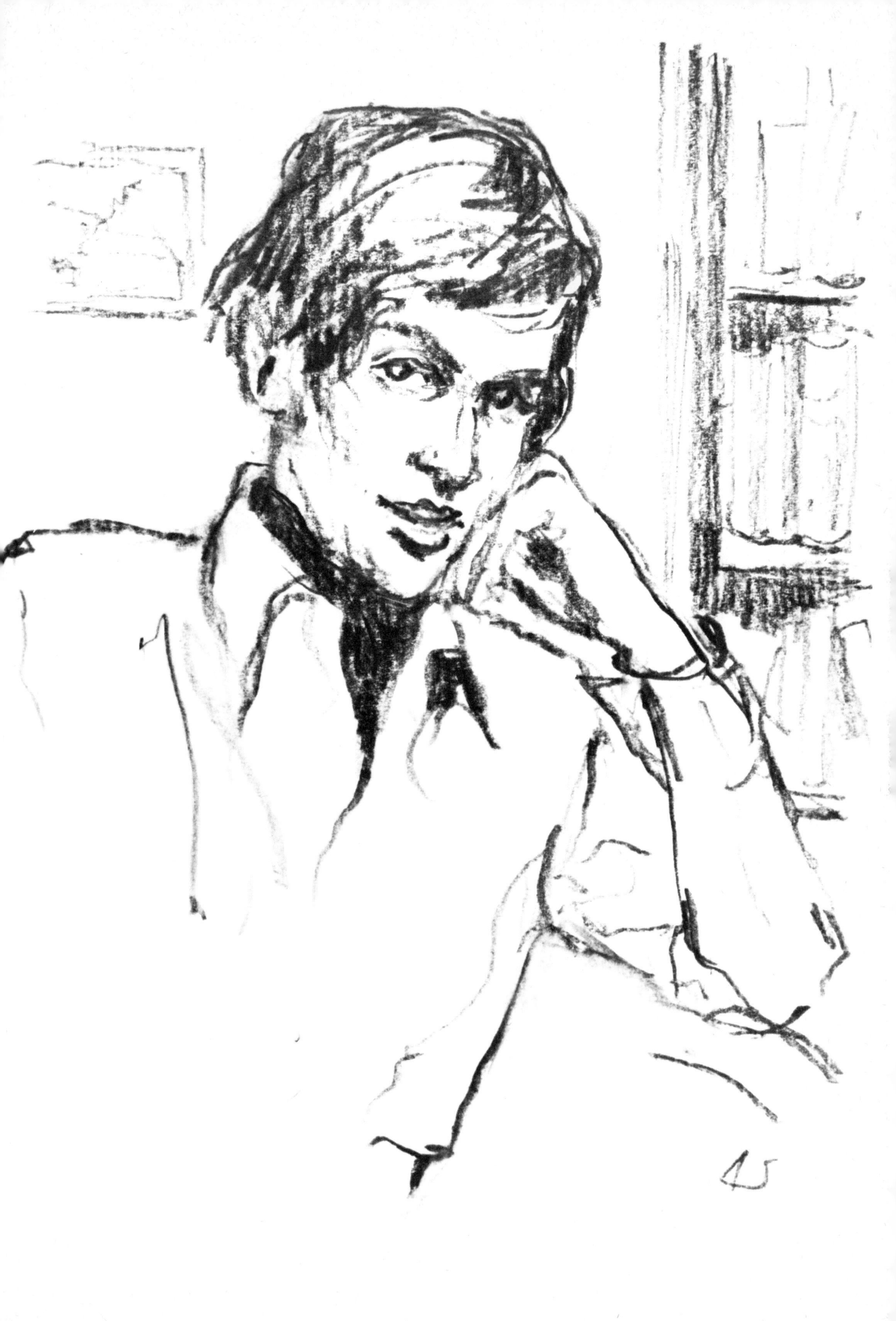

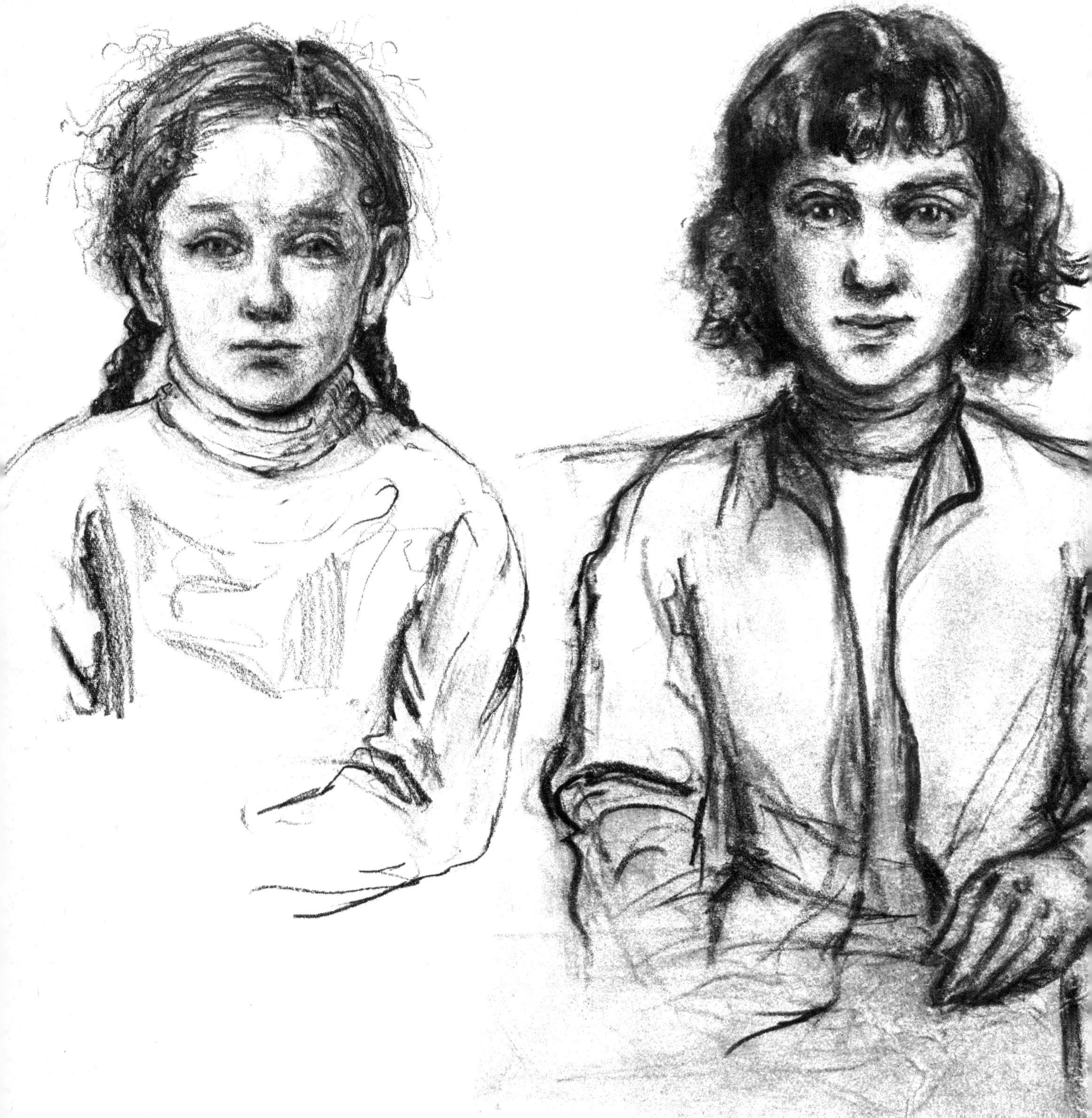

28 a-c
Drei Porträtstudien des gleichen Mädchens im Schulalter, in der Pubertät und als junge Erwachsene. Zwischen dem zweiten und dritten Bild liegt ein Intervall von sieben Jahren.

2. Gemütszustände und Stimmungen

(Zeichnungen 29—56)

Die Bilder sind nicht nach dem Alter geordnet, sondern eher nach dem Gemütszustand, dem sie entsprechen. Es ist ausserordentlich schwierig, diese Stimmungen und Gemütszustände in Worte zu fassen; wir begnügen uns deshalb mit einzelnen Stichworten. Noch mehr als bei den Bildern im ersten Abschnitt kommt es bei den folgenden Zeichnungen darauf an, dass sich der Betrachter eingehend mit den Kindergesichtern auseinandersetzt und sich selbst Gedanken über sie macht.

Die Reihe beginnt mit dem Gesicht eines vergnügten Säuglings, das kaum Sorgen zu kennen scheint; sein Blick ruht auf dem Betrachter (29). Es folgt zunächst — als Kontrast — die Zeichnung eines Kindes, das etwas in der Hand hält und sich ernsthaft damit beschäftigt (30). Anschliessend sind Kinder verschiedenen Alters abgebildet, denen der intensive Blickkontakt mit dem Zeichner gemeinsam ist (31—33).

Im Gegensatz zu diesen «kontaktfreudigen» Gesichtern spricht aus der Mimik der folgenden Bilder (34—41) teilweise eine fragende Stimmung, teilweise Misstrauen, Angst oder Ablehnung. Die nächsten Bilder (42—47) zeigen depressive Stimmungen verschiedener Schattierungen. Zwei Zeichnungen schildern grosse seelische Not und Angst (42/43); eine andere eine gewisse zur Schau gestellte Gleichgültigkeit (44). Der Knabe des nächsten Bildes ist vielleicht weniger deprimiert als abweisend gespannt; das Mädchen danach (46) blickt ausgesprochen resigniert. Der Rückzug in sich selbst des daumenlutschenden Kindes (47) ist nicht Ausdruck einer Depression, sondern der Stimmung vor dem Einschlafen; körperliche Beschwerden sind im nächsten Beispiel die Ursache des missmutig-schmerzlichen Ausdrucks.

Im Kontrast dazu stehen die folgenden Zeichnungen (49—52): sie zeigen nochmals ausgesprochen vergnügte Kindergesichter.

In den drei nächsten Bildern spiegelt der Gesichtsausdruck der Porträtierten intellektuelle Vorgänge (53—55); auch wenn diesen Zeichnungen noch vieles andere als nur Hinweise auf den intellektuellen Zustand zu entnehmen wäre.

Diese Reihe schliesst mit dem Bildnis eines älteren Mädchens (56). Sein melancholischer Gesichtsausdruck soll nochmals daran erinnern, dass die vielberufene «fröhliche Unbeschwertheit der Kindheit» oft weit mehr ein Wunschtraum und eine Illusion der Erwachsenen als die Realität des Kinderalltags ist.

29
Vergnügter Säugling, zufrieden mit der Welt und mit seinem Befinden. Mit den Augen hängt er noch an der Umwelt; das Fingerlutschen bedeutet aber, dass er sich auf sich selbst zurückzuziehen beginnt.

30
Dieser ältere Säugling kann bereits gut greifen und studiert mit konzentriertem Interesse den Gegenstand, den er in der Hand hält. Das Kind ist wohlauf und wird das interessante Objekt wohl bald in den Mund stecken, weil es in diesem Alter die Beschaffenheit der Dinge auch mit dem Mund erforscht.

31
Etwa 7 Monate alter Säugling, der den Zeichner forschend ansieht. Dieser unmittelbare Blickkontakt ist für die Altersstufe charakteristisch. In diesem Alter entdeckt das Kind den Unterschied zwischen der Mutter und Fremden, auf die es zunächst ängstlich reagiert («Fremden», 8-Monats-Angst). Man vergleiche diesen prüfenden Blick mit dem sorglosen des Kindes der vorletzten Zeichnung (29).

32
Blickkontakt mit einem staunenden Kind. Man spricht von «staunendem Mund»; auch die weit offenen Augen drücken das Staunen aus. Das Kind beobachtet den Arzt bei den Vorbereitungen zum Impfen.

33
Auch hier wieder direkter Blickkontakt, obwohl nicht so
unverhohlen wie beim jungen Säugling. Das anmutige
Gesicht scheint um Zuwendung zu werben. Man möge als
Erwachsener diese Einladung zu einer offenen und warm-
herzigen Begegnung, die einem bisweilen vom Kinde aus
entgegenströmt, nicht leichtfertig übergehen.

34
Ernster, offener Blick einer Vierzehnjährigen, interessiert,
ein wenig prüfend, gespannt.

35
Dieses Kind wurde gezeichnet, während der Arzt mit der Mutter darüber sprach, ob es in ein Kinderheim verbracht werden sollte. Man beachte, wie der Zeichner es verstanden hat, mit ganz wenigen Strichen den prüfenden, fragenden Blick ebenso wiederzugeben wie den etwas bitteren Ausdruck um Mund und Kinn. Auf den ersten Blick meint man, einfach ein hübsches Kinderporträt vor sich zu haben; bei näherer Betrachtung erkennt man die gespannte Besorgnis in diesem Gesicht.

36
Eine Stimmung zwischen Lächeln und Weinen, die besonders um die Mitte des zweiten Halbjahres gegenüber Fremden häufig ist, aber auch später noch oft vorkommt. Obschon der Mund noch deutlich lächelt, scheinen die Augen schon ein wenig zu weinen; das ganze Gesicht hat sich verdüstert.

37
Ein Kleinkind, etwas ängstlich, ein wenig skeptisch, halb staunend. Vielleicht wird die Redewendung «Ich weiss nicht, was soll es bedeuten...» dieser Stimmung am ehesten gerecht, bei der sich das Kind weder für Zustimmung noch für Ablehnung, weder für Vertrauen noch für Angst entschieden hat.

38
Dieser Gesichtsausdruck verrät Unwillen und Ärger. Das Kind ist offenbar verdrossen, weil der Arzt mit seiner Mutter über es spricht. Differenziertheit und Ernst der Physiognomie lassen auf gute Intelligenz schliessen.

39
Man bezeichnet diesen Gesichtsausdruck als negativistisch. Im Gegensatz zu Offenheit und Zuwendung, die wir beim Kleinkind sonst gewöhnt sind, herrschen hier Abwehr und Misstrauen vor. Dieser Haltung entspricht auch der Blick aus nur wenig geöffneten Augen und der verkniffene Ausdruck um den Mund. Diese Mimik ist kennzeichnend für Kinder, die ihrer Umgebung immer wieder in einer Trotzhaltung begegnen.

40
Knabe, der oft zurechtgewiesen wurde. Das führt häufig zu einer gewissen schwermütigen Resignation, wie dieses Gesicht sie ausdrückt.

41
Die Erziehung dieses Knaben bereitete Schwierigkeiten. Er verübte allerlei Streiche und kehrte von der Schule oft erst spät nach Hause zurück. Sein Gesichtsausdruck ist gespannt, missmutig, fast unfreundlich. Er deutet auf ein gestörtes Beziehungsverhältnis zur Umwelt, vor allem zu den Eltern hin. Dem Betrachter wird gewissermassen der Zugang zur Seele verwehrt. Der Gesichtsausdruck spricht für ein Kind, das die «Grossen» reden lässt, im Gefühl, von ihnen nicht verstanden zu werden, und sich nach ihrem Gerede innerlich auch nicht richtet.

42
Haltung und Mimik des Knaben verraten einen bedrückten Gemütszustand. Das Gesicht ist sorgenvoll und traurig, die Haltung müde.

43
Aus dem Kind spricht die Angst. Nicht nur der Blick ist abgekehrt und ängstlich, auch die Haltung der Arme und Hände, die Stellung des ganzen Körpers drückt Zögern, ja Abwehr aus.

44
Ein zwar kluges, aber träges Kind, das aus seiner «Wurstigkeit» kein Hehl macht.

45
Eine stark asymmetrische Physiognomie mit verschlossenem, abweisendem Ausdruck; die Augen blicken prüfend und abwägend.

46
Das enttäuschte, mürrische Gesicht eines deprimierten Kindes. Es hört zu Hause immer wieder, es sei nicht hübsch. Seine Schuld, wenn es wirklich nicht hübsch aussieht?

47
Müdigkeit, Rückzug in sich selbst vor dem Einschlafen.
Der Eindruck des sich Zurückziehens wird zeichnerisch
meisterhaft durch die geschlossene Rundung des Porträt-
umrisses vermittelt.

48
Das Kind fühlt sich unwohl, weil es von Kopfschmerzen geplagt ist.

49
Kleinkind, das sich vertrauensvoll an die Mutter anlehnt.
Es wirkt geborgen und glücklich.

50
Vergnügtes, freundlich-schelmisch lächelndes Mädchen.
Sein Gesicht wirkt frei, spontan, die Neigung des Kopfes
leicht und natürlich.

51
Noch ein vergnügtes Mädchengesicht, etwas reservierter, leicht amüsiert.

52
Ein stillvergnügtes Knabengesicht, in locker-entspannter Körperhaltung, in den Augen und um den Mund eine Andeutung von Eulenspiegelei.

53
Gesichtsausdruck eines intelligenten Kindes mit wachem, forschendem Blick. Aufmerksam, innerlich aktiv.

54
Tolstoj spricht in seinen Pädagogischen Schriften vom
«Schulzustand der Seele». Das Knabengesicht scheint
diesen Zustand zu spiegeln: Es mutet beflissen, lernwillig,
auch ein wenig unterwürfig an.

55
Frühreifes Mädchen aus ärmlichen Verhältnissen. Gesichter von Kindern, die in äusserer und oft auch innerer Not aufwachsen, haben häufig etwas Wissendes, als könnten sie «hinter die Kulissen sehen».

56
Melancholischer Gesichtsausdruck eines Mädchens in der Pubertät, das in schwierigen Familienverhältnissen lebt. Das Gesicht zeigt ängstliche Züge, aber auch Gefasstheit und eine gewisse stille Tapferkeit.

3. Nationen und Rassen

(Zeichnungen 57–77)

Die Zeichnungen dieses Abschnittes sollen auf die konstitutionellen Eigenheiten der Physiognomie aufmerksam machen. Die Überschrift «Nationen und Rassen» darf dabei nicht in streng wissenschaftlichem Sinn genommen werden. Sie soll lediglich darauf hinweisen, dass die Zugehörigkeit zu bestimmten Bevölkerungsgruppen und die von den Eltern ererbte Physiognomie das Aussehen des Kindes weitgehend bestimmen. Physiognomien, die auf den Betrachter fremdländisch wirken, sind für ihn wesentlich schwieriger zu interpretieren. Man übersieht aus idealistischer Gesinnung allzu leicht die Schwierigkeiten, die einer unkomplizierten Begegnung zwischen physiognomisch stark verschiedenen Kindern und andersartigen Erwachsenen im Wege stehen.

Grundsätzlich gibt es zwei Wege der Diskriminierung: Der eine besteht in der Xenophobie, in der mehr oder weniger unbewussten Angst vor dem Fremdländischen, und der ihr entsprechenden mehr oder weniger offenen Ablehnung des Fremden und der Reserve dem anders Aussehenden gegenüber. Wer die Verhältnisse nicht kennt, ist beispielsweise überrascht, festzustellen, dass dunkelhäutige Kinder auf einem schweizerischen Schulhaus-Pausenplatz während vieler Wochen bestaunt, begafft und oft als «Negerkinder» angepöbelt werden. Manchmal ist zweifellos die fremdländische Erscheinung nicht der alleinige und vielleicht nicht einmal der ausschlaggebende Grund für die Xenophobie. Schliesslich werden auch Kinder, die sich äusserlich nicht unterscheiden, aber beispielsweise einer andern Nationalität zugehören oder eine andere Religion haben — wie jüdische, katholische oder protestantische Kinder als andersgläubige Minderheit — von Kindern und oft auch von den Eltern gemieden oder verspottet. (Man denke nur an den seit Jahren tobenden Religionskonflikt in Irland oder an die nur wenige Jahrzehnte zurückliegenden Judenverfolgungen in Deutschland.)

Neben dieser Abwehrreaktion gegen fremdländische Kinder gibt es als zweite Form der Diskriminierung auch das übertriebene Wohlwollen, die Xenophilie. Sie ist zwar für die Betroffenen weniger unangenehm und für jene, die sie üben, mit weniger Schuldgefühl belastet, entspringt aber ebenfalls einem unnatürlichen Verhältnis zum Fremdländischen (oder Andersgläubigen).

Verhältnismässig häufig ist der Umschlag von der einen in die andere Haltung zu beobachten, beispielsweise dann, wenn diese Kinder «als herzige Negerlein» zunächst von der weisshäutigen Umgebung verhätschelt und bestaunt, sobald sie aber älter sind, abgelehnt und ausgeschlossen werden und einem weit verbreiteten Misstrauen begegnen.

Für ein spontanes, herzliches Verhältnis zwischen Menschen anderer Rasse oder anderer Hautfarbe ist zweifellos ein langjähriges Zusammenleben notwendig, bei dem jeder Teil sich die eigenen Vorurteile zunächst bewusst macht und anschliessend bekämpft und überwindet.

Für die physiognomische und mimische Diagnostik ist es wichtig, die eigenen reflexartigen Vorurteile und Einschätzungen besonders fremdländisch aussehenden Kindern gegenüber zu kennen und zu überwinden. Dazu kommt, dass das fremdländisch aussehende Kind einerseits oft schon vielfach die Erfahrung einer besondern Distanz von seiten seines Gegenübers gemacht hat und deswegen selbst nicht mehr ohne weiteres unbefangen und spontan sein kann.

Dass mit der verschiedenen Rasse auch besondere seelische und geistige Merkmale oder Begabungen verbunden sein sollen, darf als pseudowissenschaftlicher Aberglaube heute endgültig als überwunden angesehen werden.

57
Adipöses Schweizer Kleinkind: Da sich die Proportionen mit dem Wachstum noch stark ändern, ist es ganz ungewiss, ob dieses Kind später zum pyknischen Habitus gehören wird.

58
Kräftig gebauter Schweizerknabe, am Anfang der Pubertät.

59
Schweizerkind, Töchterchen eines Milchführers.

60
Schweizermädchen, das ausgesprochen unvorteilhaft frisiert ist: Wegen der abstehenden Ohren wäre eine Frisur, welche die Ohren bedeckt, angebracht; so wird das Kind in der Schule viel ausgelacht. — Die weitgehend von den Eltern bestimmte Haartracht — besonders bei jüngern Kindern — ist oft ein wichtiger Hinweis für die Art und Weise, wie die Eltern ihrem Kind helfen, sich der Umwelt gefällig oder auffällig zu präsentieren. Die Haltung der Eltern ist selbstverständlich für die Entwicklung des Kindes wichtig und kann je nach dem sein Leben mit den Kameraden und in der Öffentlichkeit erleichtern oder erschweren.

61
Kraushaariges Kind aus harmonischen Familienverhältnissen, halbjüdisch; etwas introvertiert.

62
Kind einer welschschweizerischen Mutter und eines italienischen Vaters. Man beachte das etwas maskenhafte Lächeln.

63
Kind einer sizilianischen Mutter und eines Schweizer Vaters. Der Gesichtsausdruck ist etwas schwermütig. – Starke Kultur- und Temperamentsunterschiede der Eltern können für das Familienklima und damit für die Entwicklung des Kindes wichtige, manchmal belastende Faktoren sein.

64
Algerisches, in der Schweiz aufgewachsenes Mädchen. Das Kind wird von manchen Kameradinnen aus nicht näher bekannten Gründen gemieden.

65
Jugoslawischer Knabe, mit auffallend ebenmässigem
Gesicht.

66
Kind französisch-jüdischer Eltern.

67
Schwarzes Kind aus Amerika. — Kinder, die in einer Umgebung aufwachsen, auf die sie fremdländisch wirken, werden allgemein in den ersten Lebensjahren oft als besonders «herzig und apart» von Erwachsenen verhätschelt und mit Aufmerksamkeiten bedacht; wenn sie älter werden, jedoch von den Schulkameraden auch in aufgeklärter Umgebung abgelehnt und als etwas Besonderes bestaunt oder auch mit betontem Wohlwollen behandelt, auf alle Fälle aber häufig isoliert.

68/69
Zwei Geschwister, Kinder eines russischen Vaters und einer polnisch-jüdischen Mutter, die in der Schweiz aufgewachsen sind.

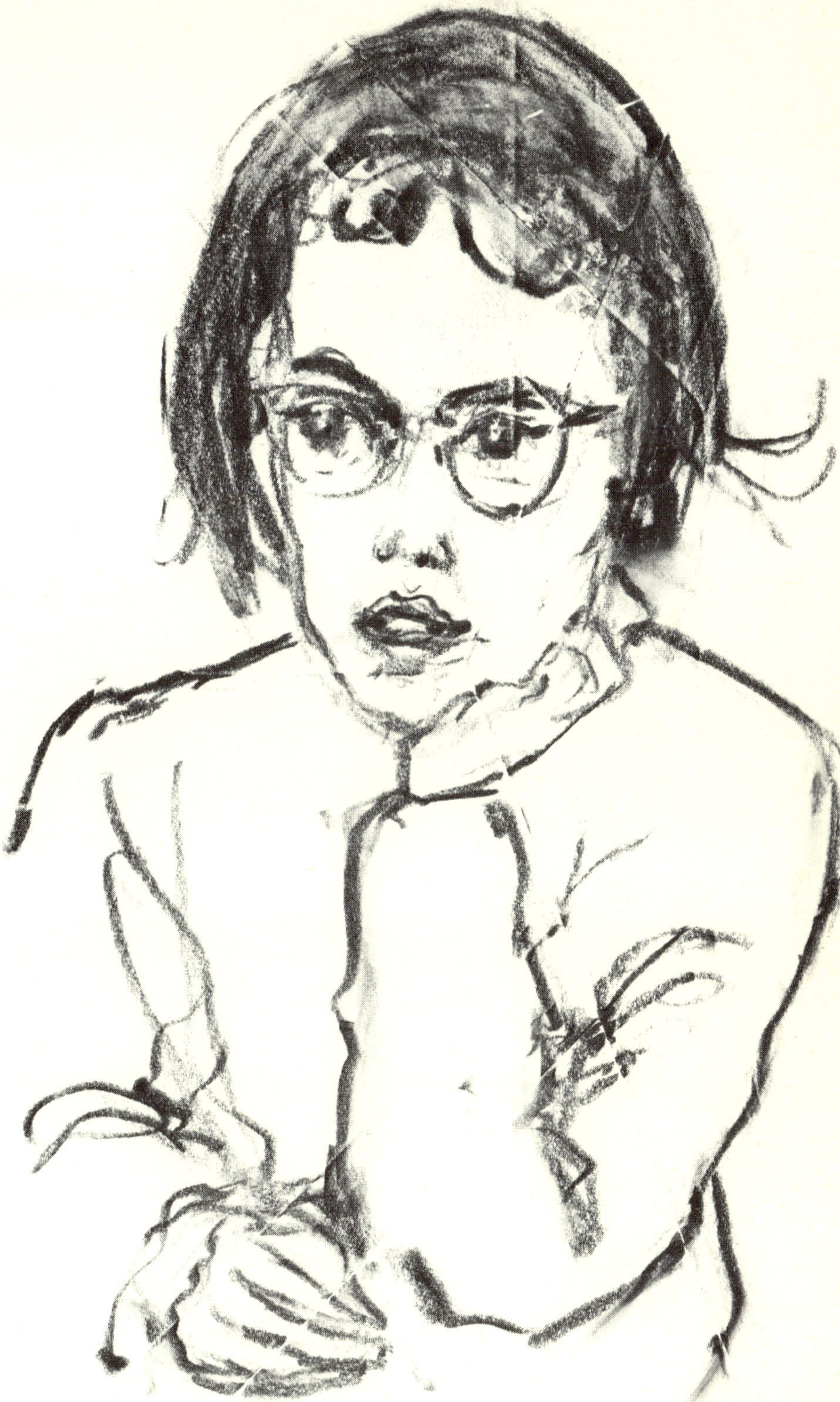

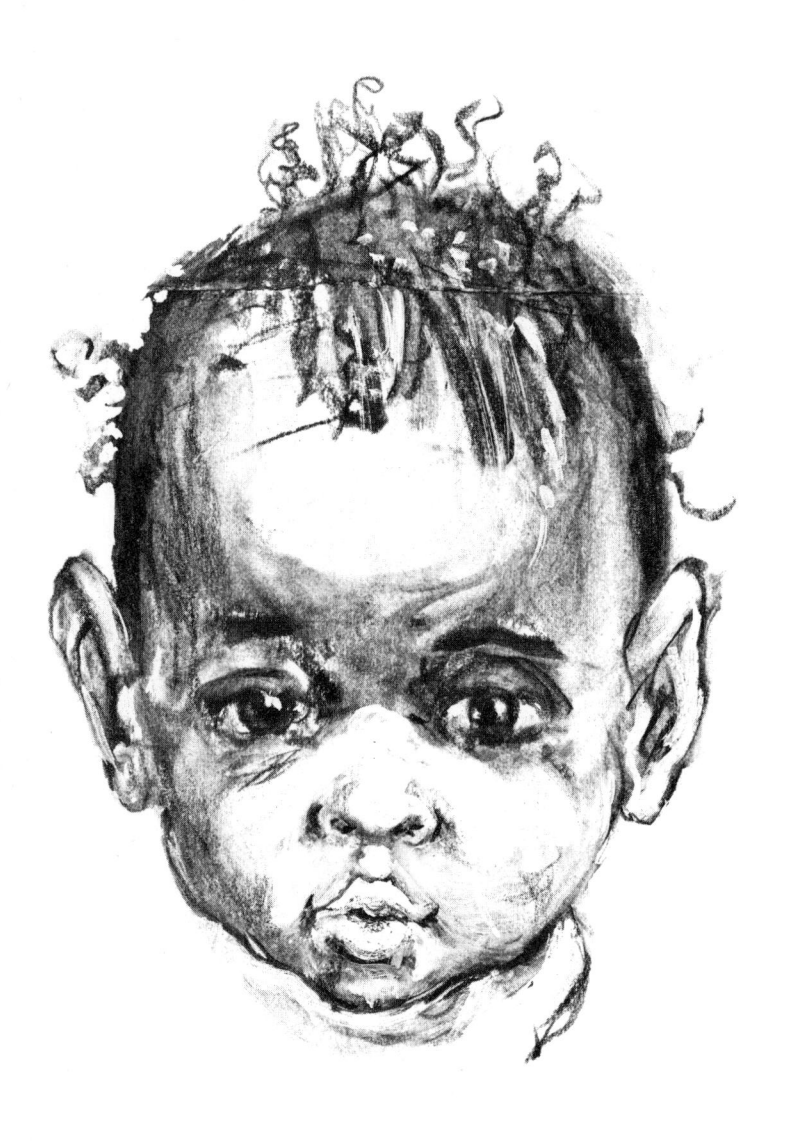

70/71
Zwei Mischlingskinder: Der Vater ist schwarzer, die Mutter weisser Hautfarbe.

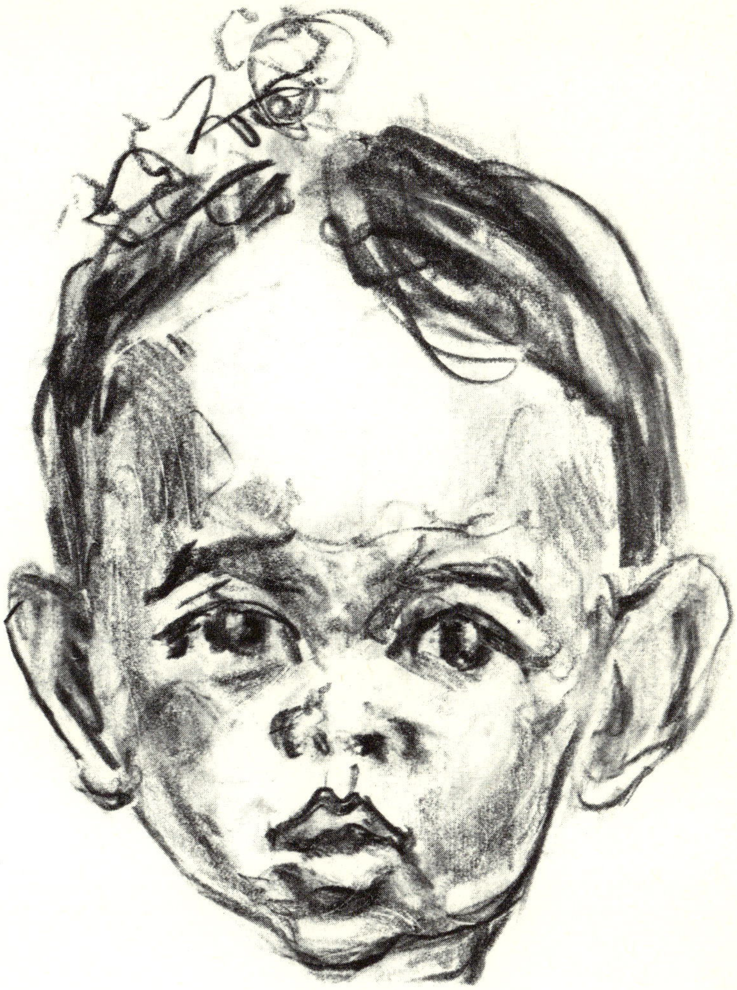

72
Mischlingskind.

73
Kind einer javanischen Mutter und eines Schweizer
Vaters, in missmutiger Stimmung.

74/75
Tibetanisches Flüchtlingskind, das in einer
Schweizerfamilie lebt.

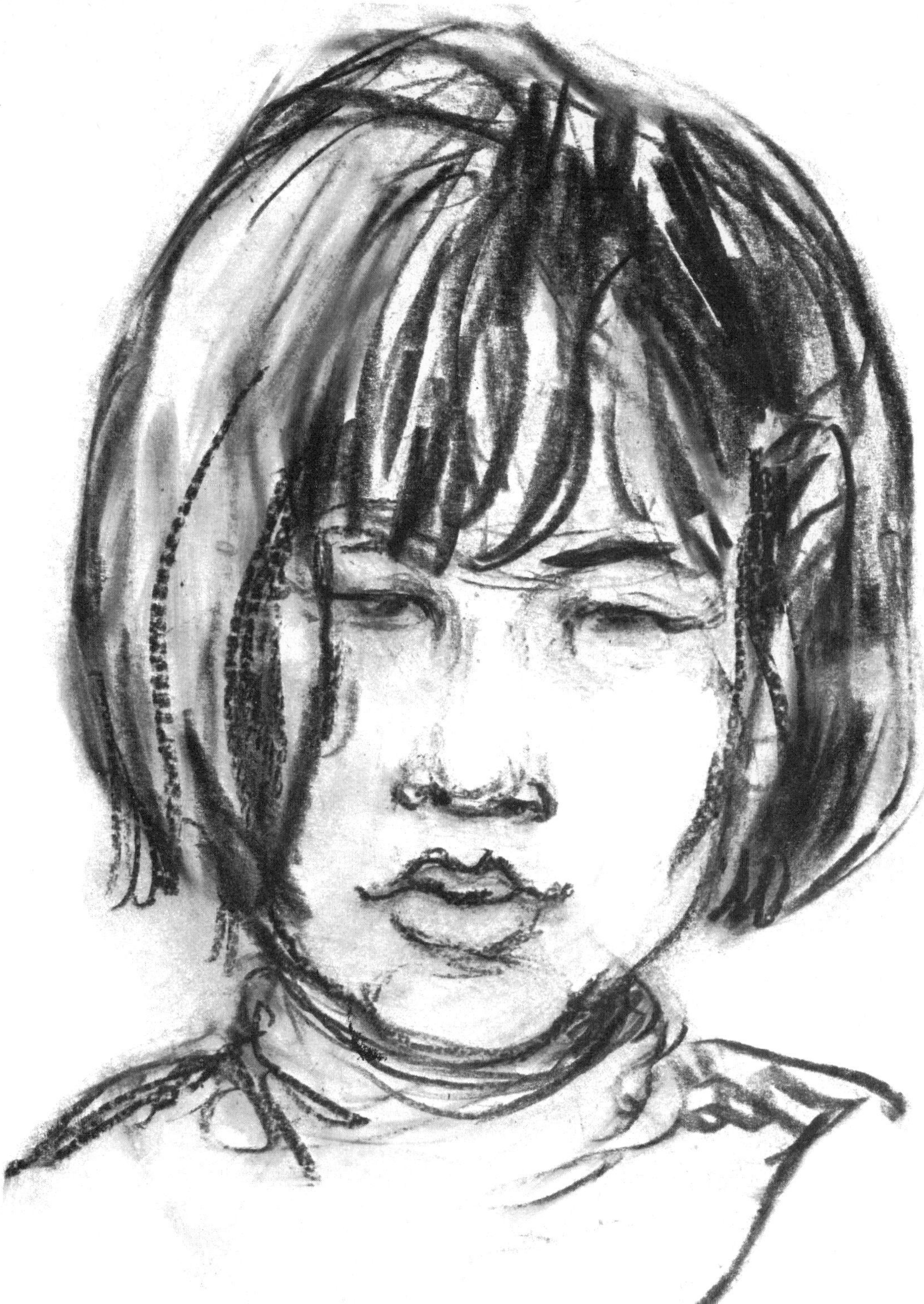

76
Kind einer indonesischen Mutter und eines Schweizer Vaters.

77
Indisches Kind, das sich am ersten Tag in einem Kinderheim befindet und sich scheu zurückzieht.

4. Krankheitszustände

(Zeichnungen 78—95)

Die folgenden Bilder zeigen Kinder, die an ausgesprochenen psychischen oder körperlichen Krankheiten leiden. Für den Diagnostiker ist der Gesichtsausruck ein Bestandteil des Krankheitsbildes, der zwar immer zu beachten, aber je nach Krankheit von unterschiedlicher Bedeutung und Aussagekraft ist. Neben besonders charakteristischen Porträts, wie bei dem mutistischen Mädchen (78a/b), beim zerebral gelähmten Knaben (83a/b) oder beim mongoloiden Mädchen (86/87) finden sich Zeichnungen von Kindern, deren Physiognomie und Gesichtsausdruck nichts von ihrer Krankheit verraten, wie beim epilepsiekranken Knaben (84), oder deren Mimik erst im Zusammenhang mit der gesamten Beobachtung des Kindes aussagekräftig ist, wie beispielsweise beim Autismus (85).

In der Diagnostik des körperlich oder seelisch kranken Kindes spielt der Gesichtsausdruck nicht nur als solcher eine Rolle, sondern auch in seiner Beziehung zum übrigen Gehaben des Kindes, beispielsweise zur Gestik, zur Sprache, zum Umweltinteresse, zur Kontaktfähigkeit usw. Oft lassen sich zwischen einzelnen Ausdrucksbereichen wie Mimik und Gestik oder Mimik und Sprache Unstimmigkeiten, Diskrepanzen, beobachten, die wichtige diagnostische Aufschlüsse geben. Beispielsweise zeigt der wache, aufmerksame Blick eines scheinbar unterbegabten Kindes an, dass es sich um eine Intelligenzhemmung und nicht um eine Intelligenzschwäche handelt. Oder die grobe, wenig differenzierte Mimik eines im übrigen harmonischen Gesichtes weist auf eine Hirnschädigung hin.

Wer nicht über viel klinische Erfahrung verfügt, sei nachdrücklich davor gewarnt, den ersten Eindruck der Physiognomie und Mimik zu überwerten, so wichtig er auch im Gesamtbild und bei guter Kenntnis des ganzen Krankheitsgeschehens ist.

Die hier abgebildeten Kindergesichter können andererseits Fachleute darauf hinweisen, wie wichtig es ist, dem Kind «ins Antlitz zu schauen». So selbstverständlich dies klingt, wird es doch häufig übersehen. Sowohl bei Untersuchungen des körperlich kranken Kindes durch Ärzte wie bei psychologischen Untersuchungen, beispielsweise in Testsituationen, kann man als aussenstehender Zuschauer häufig beobachten, dass der Untersucher zwar seine gewohnten diagnostischen Verrichtungen mit viel Erfahrung durchführt, ohne aber dem Gesicht des Kindes wirklich begegnet zu sein. Die Untersuchung wird dann für das Kind selbst leicht zu einer technischen, befremdlichen und kalten Angelegenheit, die es zusätzlich ängstigt, statt ihm das Gefühl der Hilfe und Unterstützung zu geben.

Auch der Laie sei darauf hingewiesen, wie wichtig es ist, Kindern in die Augen zu sehen. Wie oft beobachtet man Erwachsene, die von oben herab mit Kindern sprechen oder gar mit halb abgewandtem Gesicht und Körper. Häufig ist man versucht, die Aufforderung, die etwa Eltern an ihre Kinder ergehen lassen: «Schau die Leute an, wenn du mit ihnen sprichst!» an Erwachsene zu richten, die Kindern begegnen oder mit ihnen Umgang pflegen.

Für die Diagnostik wichtig ist weniger eine Einzelheit, wie der Blick oder wie der mimische Zug um den Mund, als vielmehr der Gesamteindruck der «Gestalt» des Bildes vom kranken Kind. Dazu gehört auch die Gestik, die sich auf mancher der folgenden Abbildungen in charakteristischer Weise wiedergegeben findet, ohne dass dies in der Legende besonders hervorgehoben ist.

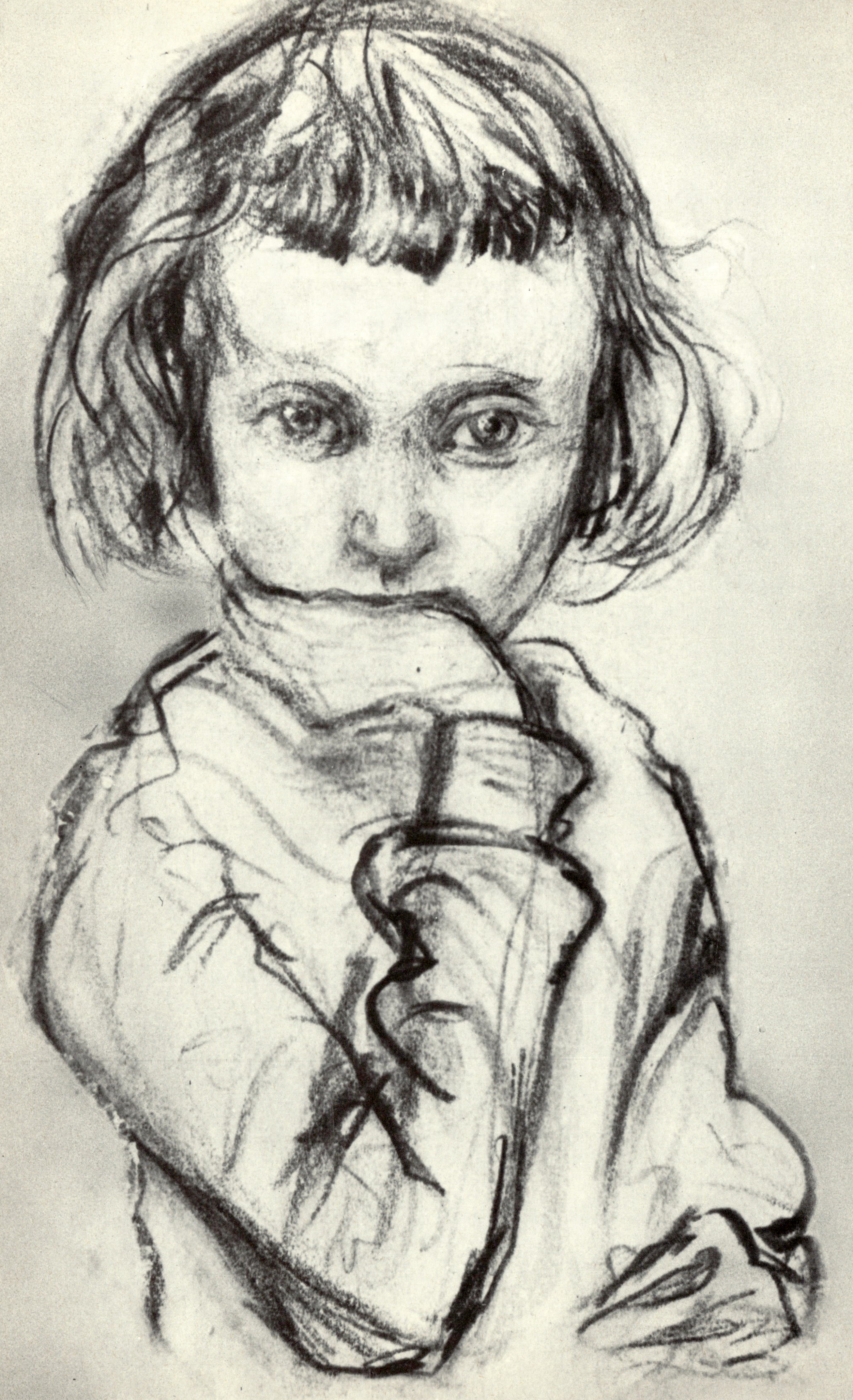

78a/b
Zwei Zeichnungen des gleichen Kindes, das an einem elektiven Mutismus leidet. Es handelt sich um das Kind englischsprechender Eltern, die seit zwei Jahren in der Schweiz leben, ohne dass das Kind hier eine Schule besucht. Es ist sozial isoliert, depressiver Stimmung und hat nach und nach auch aufgehört, in seiner Muttersprache zu sprechen.

79
Depression eines Mädchens, das in der eigenen Familie die schwere Erkrankung eines Elternteils erlebt hat und von seinen Kameraden abgelehnt und ausgelacht wird. – Man darf sich diagnostisch vom Gesichtsausdruck des Kindes nicht täuschen lassen: Es gibt oft erheblich depressive Kinder, deren Depression sich hinter einem überspannt fröhlichen Gehabe verbirgt.

80
Depressiv-aggressiver Knabe in der Pubertät; es handelt
sich um ein Kind aus geschiedener Ehe, das seine Aggressionen z. B. durch Steinwürfe in die Fenster der Wohnung
eines Elternteiles zum Ausdruck bringt.

81
Soziale Verwahrlosung; das Kind lebt mit seinen Eltern in ärmlichsten Verhältnissen in einem Zürcher Abbruchhaus.

82
Mässige Adipositas (Fettsucht), wie sie besonders in der
frühen Pubertät häufig ist.

83a/b
Siebenjähriger Knabe mit zerebraler Kinderlähmung bei guter Intelligenz.

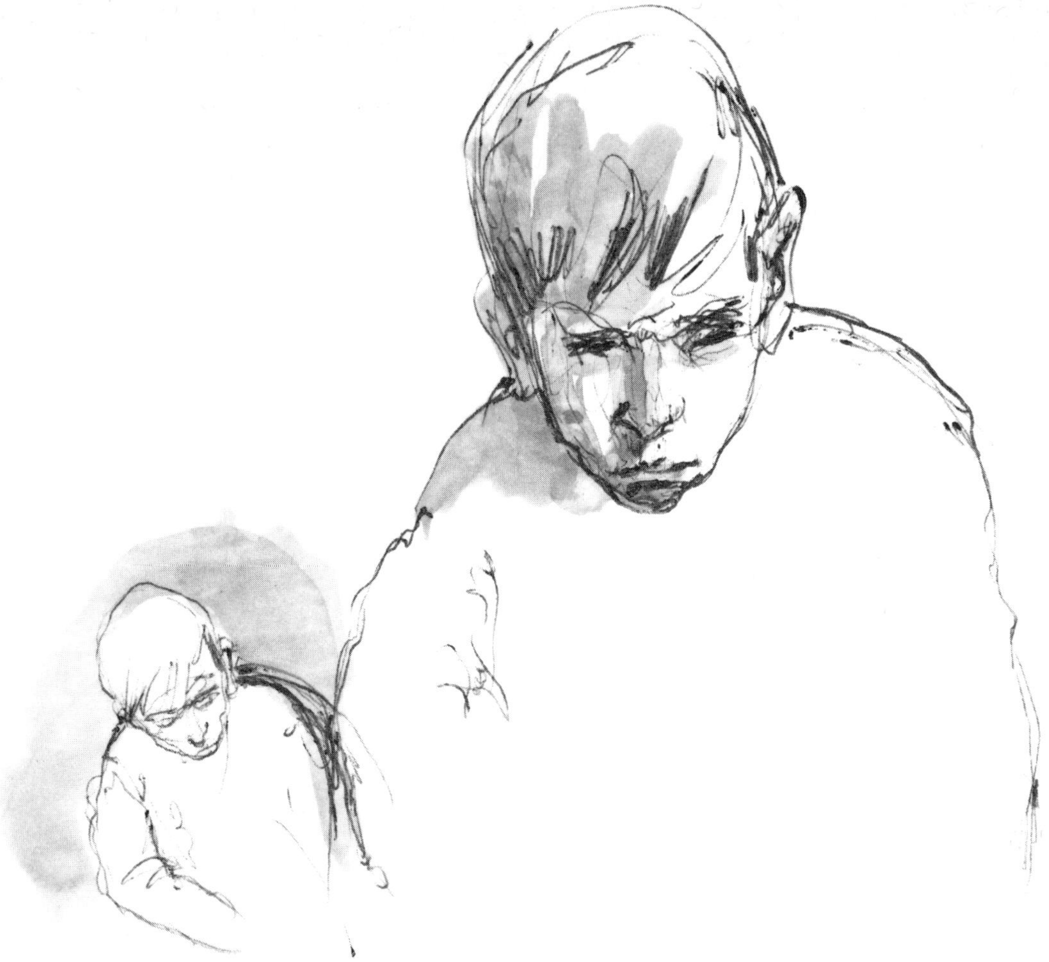

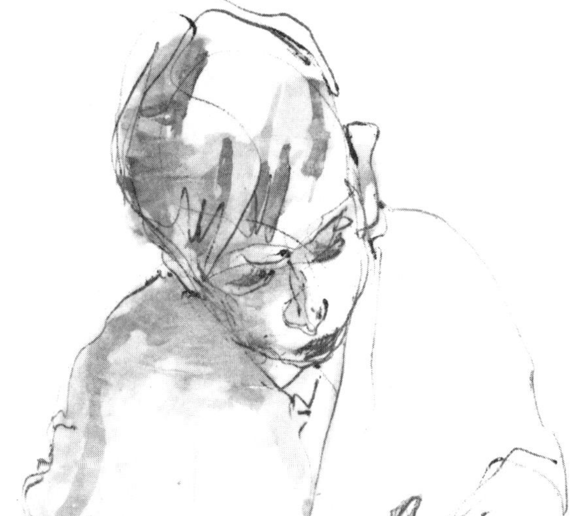

84
Epilepsiekrankes Kind, dessen Leiden sich aus der Physiognomie und der Mimik nicht ablesen lässt; durchschnittliche Intelligenz und Schulleistung.

85
Autismus infantum. Kinder mit diesem Krankheitsbild sind oft ungewöhnlich hübsch, so dass man von einem «prinzenhaften Äusseren» spricht. Der Zeichner hat charakteristische Merkmale der Begegnung mit derart kranken Kindern notiert: «Es kann nicht sprechen, läuft auf mich zu, wie wenn ich durchsichtig wäre, scheint nicht einmal Personen als solche zu erkennen; in der Nähe befindliche Gegenstände ergreift es wahllos, um sie hin und her zu werfen.»

86/87
Mongoloides Mädchen. Während Fremde dem äusserlich erkennbar geistig oder körperlich behinderten Kind oft mit Distanz und Unbehagen begegnen, sind die gleichen Kinder ihren eigenen Eltern oft ganz besonders ans Herz gewachsen. Die Eltern sind gewohnt, in der Mimik des Kindes wie bei jedem andern Kind zu lesen, und die physiognomische Schranke in der Begegnung gilt für sie nicht.

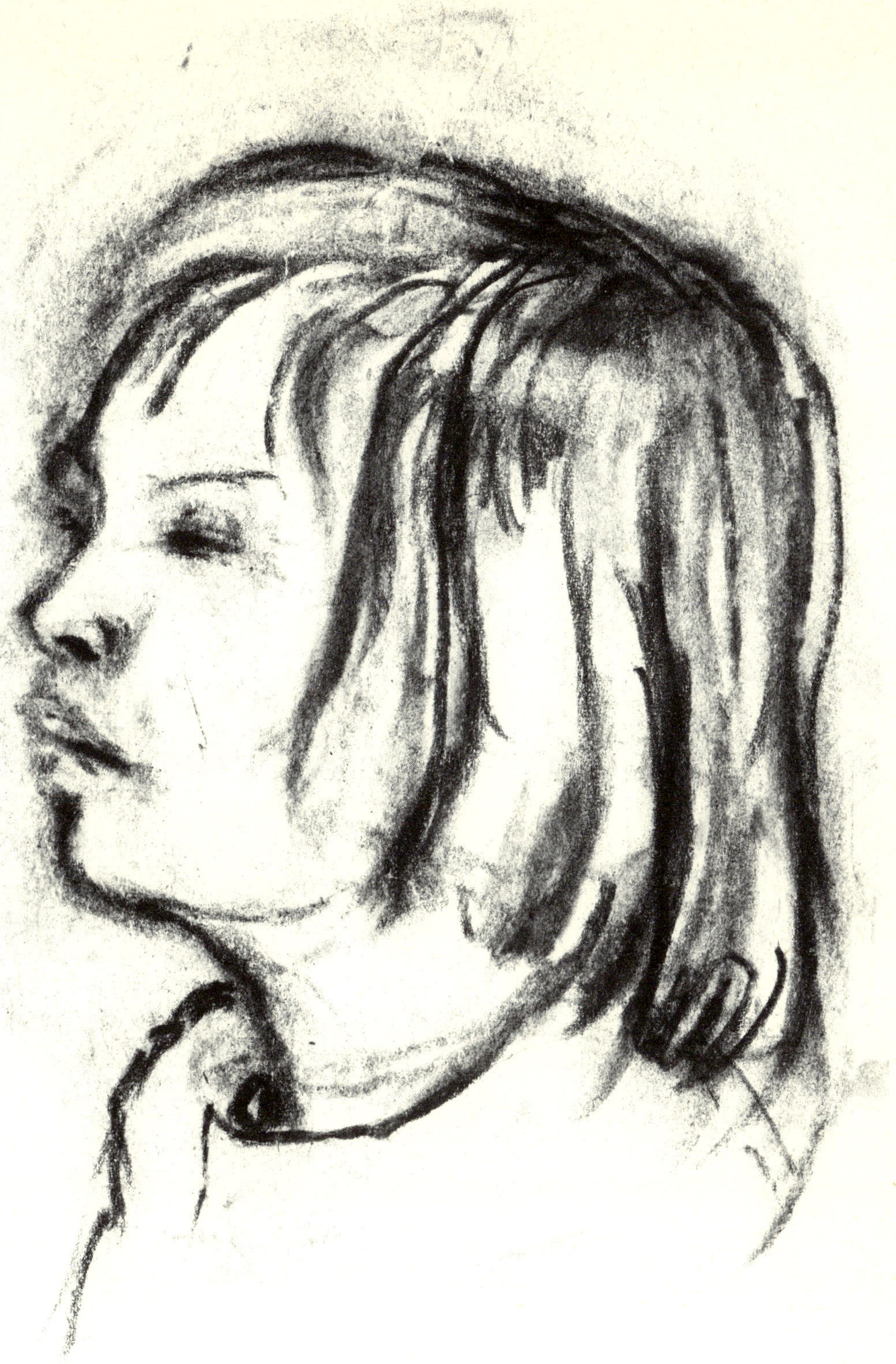

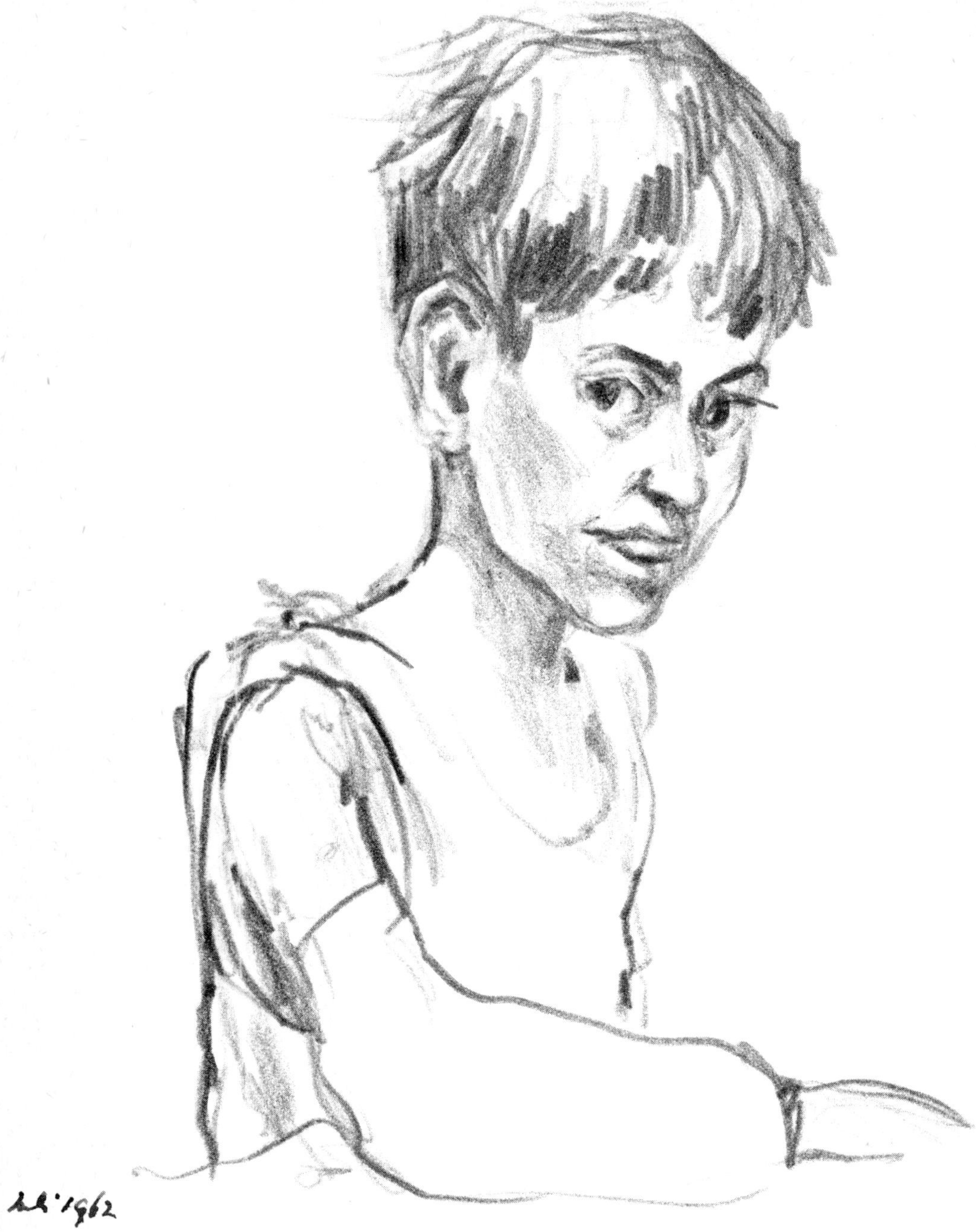
1962

88/89
Kind mit einer ausgesprochen irregulären Entwicklung. Verspätetes freies Gehen, verspätete Sprachentwicklung und mit zunehmendem Alter immer mehr hervortretende Intelligenzschwäche. Daneben übertrieben clownhaftes Benehmen. Wahrscheinlich handelt es sich um ein Kind mit einem organischen Psychosyndrom (angeborene frühkindliche Hirnschädigung).

90
Erzieherisch verwahrlostes Kind, teils aggressiv, teils besonders geltungsbemüht.

91
Bettlägeriges Mädchen in der Rekonvaleszenz. Der depressive Gesichtsausdruck geht weniger auf die körperliche Krankheit zurück als darauf, dass das Kind zuhause wenig Verständnis findet und beispielsweise Vorwürfe dafür erhält, dass es noch nicht wieder zur Schule gehen kann und deswegen in seinen Schulleistungen absinken wird.

92
Feersche Krankheit (Quecksilbervergiftung), die mit einer
grossen Kraftlosigkeit einhergeht.

93
Schwerkrankes Kind mit Atemnot bei Mediastinal-Emphysem (Luftblasen in der Trennwand zwischen linker und rechter Brusthöhle) infolge eines Lungenabszesses.

94
Rekonvaleszenz nach Pneumonie (Lungenentzündung). Das Mädchen litt an einer vorübergehenden, aber ausgeprägten Depression, wie man sie nach Infektionskrankheiten im Kindesalter ab und zu beobachten kann.

95
Ein an Kopfschmerzen leidendes Mädchen.

Begegnen – Sehen – Deuten

Einleitung

Die nachstehenden Texte sind von Autoren verfasst, die nicht nur auf ihrem Fachgebiet in Europa führend sind, sondern die auch über Jahrzehnte hinweg gelehrt haben, dass der fachliche Umgang mit dem Kind nicht zu einer leblosen und abstrakten Beschäftigung werden darf, sondern von menschlicher Anteilnahme getragen werden muss. Wohl kann man von ihnen sagen, dass sie vor allem in bestimmten Forschungsrichtungen Besonderes geleistet haben: Anna Freud auf dem Gebiet der Kinderpsychotherapie, L. Schenk-Danzinger in dem Bereich der Entwicklungs- und Schulpsychologie, W. Metzger in der Gestalt- und Individualpsychologie sowie in der pädagogischen Psychologie, H. Asperger auf dem Gebiet der medizinischen Heilpädagogik, R. S. Illingworth in der Entwicklungspädiatrie und M. J. Langeveld auf den Gebieten der Pädagogik, Heilpädagogik und pädagogischen Psychologie. Aber selbst dann, wenn wir den Autoren mehrere solche Fachgebiete zuordnen, werden wir ihrer Wirkung nicht gerecht; denn sie haben alle ihre Arbeit in einer Zeit begonnen und geleistet, in der die Aufsplitterung in verschiedene Fachgebiete noch nicht so übermächtig war wie heute, und sie haben es, nachdem diese Aufsplitterung erfolgt ist, verstanden, den Blick für das Ganze zu wahren und in andere Fachgebiete hinein wirksam zu bleiben: So sind etwa die Veröffentlichungen von A. Freud von grösster Bedeutung für die Erziehung, und M. J. Langeveld hat Wichtiges auf dem Gebiet der Testpsychologie geleistet, um nur zwei Beispiele zu nennen.

Den Texten dieser Autoren liegt neben umfassenden wissenschaftlichen Kenntnissen vor allem eine menschliche Haltung zugrunde: Was sie dem Leser vermitteln wollen, ist nicht so sehr eine Ansammlung von Informationen über das Kind als vielmehr eine geistige Einstellung für die Begegnung mit ihm. Dieses Anliegen ist vor allem von grosser Tragweite für jene, die beruflich mit Kindern zu tun haben: Ärzte, Psychologen, Pflegepersonal, Sozialarbeiter u. a. In solchen Berufen sieht sich der Lernende heute einer stets wachsenden Flut von Einzelkenntnissen gegenüber. Es besteht die Gefahr, dass er davon überschwemmt wird und dass er selbst, im Gegensatz zu den hier zu Wort kommenden akademischen Lehrern, den Blick für das menschlich Wesentliche verliert; dann kommt es dazu, dass der Arzt nur noch Krankheiten behandelt, der Pädagoge Fähigkeiten und Fertigkeiten vermittelt, der Psychologe testet und berät, das Pflegepersonal nur noch für die Durchführung ärztlicher Verordnung sorgt usw.

Dieses Buch möchte nicht nur dem Betrachter, der sich für Kinder und Kunst interessiert, die Zeichnungen von W. Dreifuss zugänglich machen, sondern darüber hinaus für Fachleute eine Art künstlerisches Lehrbuch sein. Die Aussage, die es zu vermitteln sucht, lässt sich folgendermassen zusammenfassen:

— Für die berufliche Begegnung mit dem Kind ist eine Haltung notwendig, die sich als «herzliche Distanz» bezeichnen lässt. Menschliche Anteilnahme muss sich mit dem Fachwissen und mit Selbstkritik verbinden.

— Es ist gleichzeitig sowohl derjenige Teil des Kindes zu sehen, der Gegenstand der Untersuchung, Beobachtung und Behandlung ist, wie etwa eine psychische Krankheit, ein körperliches Gebrechen, eine Lernstörung, und gleichzeitig ist darüber hinaus auch der ganze Mensch zu sehen, der diese Störung oder Schwierigkeit aufweist. Es genügt ebensowenig, den Teil zu beobachten und zu behandeln, wie es falsch wäre, diese spezifischen Probleme zu vernachlässigen oder zu verleugnen.

— Eine analoge Aufgabe wie für die Begegnung mit dem einzelnen Kind stellt sich auch für die Tätigkeit in einem bestimmten Fachgebiet. Es ist notwendig, sowohl in diesem einen Fach so viele Kenntnisse als möglich zu haben, über spezialisierte Methoden zu verfügen und sein Wissen ständig zu erweitern wie auch gleichzeitig darüber hinaus die ganze Vielfalt der verschiedenen Forschungen und Behandlungsmethoden des Kindes im Blick zu behalten; denn nur im Gedankenaustausch mit andern Fachgebieten und in der Zusammenarbeit mit ihnen kann dem Kind durch Spezialisten geholfen werden.

— In der Begegnung mit dem Kind zählt sowohl das, was sichtbar ist, was sich beobachten lässt, was das Verhalten ausmacht, wie auch gleichzeitig das, was «dahinter» steht, die tieferen Zusammenhänge, die dem Betrachter fürs erste verborgen bleiben und die er zunächst höchstens andeutungsweise aus der Mimik und Gestik oder im Gespräch erahnen kann. Weder darf man sich von den sichtbaren Erscheinungen allzu sehr faszinieren und vielleicht irreführen lassen, noch darf man diese vernachlässigen, weil man sich ausschliesslich für die «tieferen» Zusammenhänge interessiert.

— Schliesslich muss sich in der fachlichen Begegnung das fundierte Wissen, das sich mit dem Verstand erarbeiten und strukturieren lässt, verbinden mit einer intuitiven, künstlerischen Art des Zugangs und der Erfassung, die sich der rationalen Analyse weitgehend entzieht.

Der Herausgeber hat sich erlaubt, sein Anliegen noch auf besondere und eher ungewöhnliche Weise zu betonen: Durch die Wiedergabe der Schriftzüge von zwei Autoren, die ihre Beiträge auch handschriftlich zur Verfügung stellten, nämlich von A. Freud und M. J. Langeveld, soll hervorgehoben werden, dass der Herausgeber hinter diesen, speziell für das vorliegende Buch geschriebenen Textbeiträgen nicht nur den Fachmann gesucht hat, sondern auch den Menschen gefunden hat, zu dem die Handschrift gehört, die selbst ein Teil der Persönlichkeit ist. Das Gedicht, das M. J. Langeveld mit der Frage zur Verfügung gestellt hat, ob es sich für dieses Buch eigne, wurde ebenfalls in die Texte aufgenommen. Der Grund dafür ist nicht allein, dass daraus der Mensch Langeveld spricht: vielmehr hat gerade der Zweite Weltkrieg, auf den es Bezug nimmt, in apokalyptischer Weise gezeigt, wohin es führt, wenn in den Wissenschaften der Blick für das Ganze der menschlichen Person verlorengeht. Neben unzähligen Wissenschaftern, die sich dem Naziterror durch Emigration entziehen konnten oder die ihm zum Opfer gefallen sind, gab es auch viele, die in den Dienst der unmenschlichen Gewalt getreten sind, und es gibt heute solche, die an andern Orten noch im Dienste unmenschlicher Gewalten stehen und verbleiben. Wenn sich Erzieher nach den Befehlen von Diktatoren richten, wenn Ärzte als schrecklichste Form der Scharlatanerie sogenannte Experimente an Konzentrationslagerinsassen durchführen, wenn Psychologen für unmenschliche totalitäre Systeme werben — um nur einige wenige Beispiele herauszugreifen —, so ist dies ein unermesslicher Schaden, der den Menschen wie den Wissenschaften zugefügt wird. Es ist die Abspaltung des Wissens vom Leben, Verirrung in eine Fachkriminalität, die zwar in ihren Auswüchsen von den meisten besonnenen Menschen verurteilt wird, in die man aber rasch hineingeraten kann. Wie leicht zieht man sich auf einen speziellen fachlichen Standpunkt zurück, denkt nur an die immer begrenzte fachliche Kompetenz und verliert die mitmenschliche Verantwortung aus dem Auge. Einer solchen Entwicklung gilt es sich entschieden entgegenzustellen. Das vorliegende Buch und insbesondere die vorliegenden Texte sind dazu ein Versuch.

In Zusammenarbeit mit dem Herausgeber hat während der Vorbereitung dieses Buches Fräulein Dr. med. M. Aeppli die wissenschaftliche Literatur über die Mimik und Gestik des Kindes durchgesehen. Ihre Arbeit liegt als medizinische Dissertation vor[1]. Sie wurde nicht in das Buch aufgenommen, weil sonst der Textteil zu umfangreich geworden wäre und die Arbeit sowie das dazugehörige umfangreiche Literaturverzeichnis dem wissenschaftlich Interessierten als selbständige Publikation zur Verfügung stehen. Die Übersicht zeigt, dass die Mimik des Kindes in den verschiedenen Fachgebieten noch wenig Beachtung gefunden hat und dass eine systematische Erforschung der Zusammenhänge zwischen dem Gesichtsausdruck des Kindes und seelischen Vorgängen erst in Ansätzen besteht. Dies hängt, wie Aeppli zweifellos richtigerweise bemerkt, unter anderem damit zusammen, dass das Studium der Mimik, Physiognomik und Gestik im Grenzbereich zwischen den Naturwissenschaften und den Geisteswissenschaften liegt, in einem Gebiet, in dem fast niemand systematisch forscht und das deswegen ein Niemandsland bleibt, obwohl gerade die Zusammenarbeit zwischen Naturwissenschaften und Geisteswissenschaften im Interesse des Kindes heute dringender wäre denn je.

Die Zeichnungen von W. Dreifuss sind nicht nur Bilder; sie sind auch Vorbilder, Dokumente ebensosehr einer exakten naturwissenschaftlichen Beobachtung wie eines geisteswissenschaftlichen, vor allem psychologischen und anthropologischen Interesses.

H. St. Herzka

[1] M. Aeppli: Mimik und Gestik beim Kind. Diss. Zürich 1977.

Anna Freud:
Über die Beziehung zum Kind

Je weiter die Spezialisierung in der Arbeit mit Kindern um sich greift, desto schwerer wird es den Fachleuten gemacht, eine persönliche Beziehung zum Kind herzustellen. Kinderärzte und Krankenschwestern, Lehrer und Erzieher, Sozialarbeiter, Psychologen und Kindertherapeuten werden schon vom Beginn ihrer Ausbildung an dazu angehalten, ihre Aufmerksamkeit auf die ihnen anvertraute Seite der kindlichen Person zu konzentrieren. Eltern andererseits beklagen sich nur zu oft, dass ihr Kind, das für sie etwas Einziges und Kostbares bedeutet, für den Berufsarbeiter nicht viel mehr vorstellt als einen erkrankten Körper, der Diagnose, Behandlung und Pflege braucht; oder einen Intellekt, der nach Anregung und Unterricht verlangt; oder neurotische Hemmungen, Symptome und sonstige Entwicklungsstörungen, die Psychotherapie benötigen.

Diese Einschränkung des Interesses, die das Bedauern der Eltern hervorruft, ist aber nicht ohne Berechtigung. Es ist notwendig zu betonen, dass die Einstellung zur ärztlichen oder erzieherischen Arbeit mit Kindern grundverschieden ist von der Bindung an das eigene Kind, d. h. von Gefühlen, die aus der Tiefe des elterlichen Innenlebens stammen und auf Zeugung und Schwangerschaft, auf der emotionellen Abhängigkeit des Kindes und auf dem unbestrittenen Besitzerrecht der Eltern beruhen. Keine dieser Bedeutungen kommt für den Berufsarbeiter in Betracht. Die Kinder, die ihn beschäftigen, sind vorübergehende Erscheinungen und als solche zu bald von andern abgelöst, um tiefgehendere Anhänglichkeiten von ihrer Seite oder tiefgehendere Bindungen von seiten des Erwachsenen entstehen zu lassen. So schwer es für Eltern ist, den Verlust eines Kindes zu überwinden, so natürlich ist es für den Kinderarzt oder Therapeuten, das Ausscheiden eines seiner Hilfe nicht mehr bedürftigen kindlichen Patienten als beruflichen Erfolg zu begrüssen.

Von diesen Gesichtspunkten aus gesehen, mögen manche Beobachter zweifeln, ob eine Vervollkommnung in den verschiedenen Spezialfächern überhaupt möglich ist, ohne ihr die Beziehung zum Wesen des Kindes, zu seinen Vorzügen und Beschränkungen, seinen Neigungen, Begabungen und seinen Phantasien zu opfern.

Meine eigene langjährige Arbeit mit Vertretern der oben aufgezählten Berufe macht mich trotz der erwähnten Bedenken hoffnungsvoll in dieser Richtung. Meiner Erfahrung nach ist es durchaus möglich, die beiden scheinbar so disparaten Ziele gleichzeitig zu verwirklichen. Wir müssen nur die Erwartung fallen lassen, dass der Berufsarbeiter, in sklavischer Nachahmung der Eltern, das Kind zu lieben hat, eine Forderung, die eo ipso nicht erfüllbar ist. Es ist unfruchtbar für ihn und der Sachlage nicht angemessen, seine Gefühle an ein bestimmtes Kind zu heften. Fruchtbar und angemessen ist es statt dessen für ihn, jedes einzelne Kind, das durch seine Hände geht, als individuellen Vertreter seiner Gattung zu erleben. Unter den Erscheinungen, die dem menschlichen Verstand ihre Rätsel aufgeben, nimmt das Phänomen Kindheit eine besondere Stellung ein. Von der Unreife des Neugeborenen zur erwachsenen Reife führt ein weiter Weg, voll von Hindernissen und Umwegen, Fortschritten und Rückschritten, äusseren und inneren Konflikten, Abweichungen von der Norm etc. Wer einmal einen Blick in diese Welt getan hat, ist für immer von den Fragen gefangen genommen, wo auf dem Entwicklungsweg ein Kind steht; mit welchen seelischen Mitteln es seinen Schwierigkeiten begegnet; ob Körper und Psyche, Triebe, Gefühle, Verstand und Gewissen im Einklang miteinander arbeiten oder ob sie in Streit miteinander liegen und seine Gesundheit gefährden.

Ich sehe es also als unsere Aufgabe, in jedem, der mit Unmündigen arbeitet, diese Art des Interesses zu erwecken. Nicht eine auf unsicherer Grundlage aufgebaute Liebe zum Kind, sondern eine brennende Wissbegier auf das Problem Kindheit gerichtet, scheint mir die beste Vorbedingung für eine gesicherte Bindung zwischen dem Kind und seinen Helfern: im Spital oder in der Schule, in der Sozialarbeit, der Erziehungsberatung oder der Kindertherapie.

Prof. Anna Freud
The Hampstead Child-Therapy Clinic
20 Maresfield Gardens
London NW3

R. S. Illingworth:
Die Bedeutung der Beobachtung des Kindes durch die Eltern

Übersetzt von W. Dreifuss

Zur bestmöglichen Verwirklichung aller im Kinde schlummernden Entwicklungsmöglichkeiten müssen 1. sein körperliches Befinden, 2. seine Gefühlswelt und 3. sein jeweiliger geistiger Reifegrad berücksichtigt werden. In jedem dieser drei Teilgebiete spielen die Eltern eine unersetzbare Rolle und lässt sie durch ganz einfache Beobachtung die bedeutendsten Entscheidungen treffen für das oben genannte Ziel.

Das kindliche Hirn kann im ersten oder zweiten Lebensjahr durch Ernährungsfehler deutlich geschädigt werden, entweder durch zu geringe Nahrungsaufnahme oder durch Krankheiten. Es ist deshalb bedeutsam, dass sich die Eltern von Anfang an mit einem *ungenügenden Gewichtsansatz* befassen.

Doch gibt es zahlreiche andere körperliche Defekte, die die Eltern beachten müssen: So ist z. B. *ungenügende Sehkraft* höheren Grades im allgemeinen mit zuckenden Bewegungen der Augen (Nystagmus) verbunden, wie man dies bei Leuten feststellt, die aus dem Fenster einem vorbeifahrenden Fahrzeug zusehen. Im späteren Kindesalter ist Nystagmus unwahrscheinlicher; wird die Störung der Sehkraft übersehen, so führt sie später zu ernstlichen Schulschwierigkeiten. Sorgfältig beobachtenden Eltern wird eine Sehstörung aber kaum entgehen.

Hörstörungen bleiben leicht unbemerkt; sie können die Sprachentwicklung hemmen. Eltern, die eine Hörstörung beim Kind vermuten, irren sich selten. In der ersten Hälfte des zweiten Lebensjahres mag auffallen, dass das Kind näher zu den Eltern heranrückt, wenn sie zu ihm sprechen; es kann Wutanfälle bekommen, wenn es sich nicht verständlich machen kann; es scheint auch nicht zu bemerken, wenn man ihm aus einem andern Zimmer zuruft. Aber sehr oft bleibt ein Hördefekt vorerst unerkannt und wird schwere Schulschwierigkeiten nach sich ziehen. Die Eltern können das kindliche Nicht-Hören hoher Töne nicht selbst diagnostizieren, denn dazu sind spezielle Untersuchungen nötig. Sie wissen nur, dass das Kind gewisse Töne zwar hören kann, und bemerken nicht, dass ihm die hohen fehlen. Alle Kinder mit verzögerter Sprachentwicklung sollten sich einer Gehöruntersuchung unterziehen. Das Kind weiss nicht, dass es nicht gut sehen oder nicht gut hören kann. Wir, die Eltern, Ärzte und Lehrer, müssen es erkennen. Gewisse Sprachfehler wie Lispeln und Stottern erfordern Behandlung, wenn sie bis zum 4. Geburtstag andauern; andernfalls würde die Erziehung behindert.

Eltern können leicht bemerken, dass ein Kind ungewöhnlich *unbeholfen* ist, dass seine Hände zittern, dass es öfters hinfällt. Wenn dies bis zum Schuleintritt des Kindes nicht erkannt wird, ergeben sich Schwierigkeiten. Fälschlicherweise wird es für seine schlechte Schrift verantwortlich gemacht und auch dafür, dass es seine Hände nicht richtig verwendet; es ist wichtig für die Lehrer zu wissen, dass das Kind an seiner Ungeschicklichkeit nicht schuld ist.

Gewisse Kinder zeigen besondere *Lernstörungen,* vor allem beim Lesen (Legasthenie). Es handelt sich fast immer um eine familiäre Eigenschaft, begleitet von der Schwierigkeit, Rechtshändigkeit zu entwickeln; sie ist ausserdem verbunden mit dauernder Richtungsumkehr von gewissen Buchstaben: d = b. Es ist äusserst wichtig, dass die Lehrer davon Kenntnis haben. Aus andern Gründen ist es vorteilhaft, dass die Eltern feststellen, ob das Kind ausgesprochen rechtshändig ist oder ob es beide Hände gleich verwendet. Ist letzteres der Fall, sollte milde Überzeugung angewandt werden, um dem Kind beizubringen, die rechte Hand mehr zu gebrauchen[1]. Selbstverständlich werden die Eltern feststellen, wenn das Kind in einer Hand verkrampft ist, obschon leichtere Fälle dieser Art gerne übersehen werden. Die Eltern können bemerken, dass das Kind mit einer Hand unbeholfen ist und auf der gleichen Körperseite hinkt.

Den Eltern sollte auch *Blutarmut* auffallen: wenn sie nicht erkannt wird, kann sie durch abnorme Ermüdbarkeit und Energielosigkeit die Erziehung stören.

Was das *Gefühlsleben* des Kindes betrifft, können die Eltern besondere Schwierigkeiten in seiner Persönlichkeit feststellen (in vielen Fällen vererbt). Es wäre z. B. falsch, das Kind in ein Internat zu schicken, wenn es offensichtlich mit grösstem Widerwillen dorthin gehen und eine Trennung von seinen Eltern ein ernstes seelisches Trauma bedeuten würde.

Den Eltern können auch zahllose wichtige Einzelheiten in der *geistigen Entwicklung* des Kindes auffallen. Das geistig rückständige Kind sollte durch einen Kinderarzt untersucht werden; denn vielleicht wäre die Ursache der Rückständigkeit einer Behandlung zugänglich. Ein solches Kind ist in fast allen Teilen der Entwicklung verspätet, ausgenommen bisweilen in der Motorik. Es ist sicher geistig nicht rückständig, wenn die Verzögerung nur eine oder zwei Funktionen betrifft, wie z. B. das Sprechen, die Beherrschung der Blase oder das Gehen: es müsste auch in allen andern Gebieten verspätet sein. Ausserdem würde das Kind sich wahrscheinlich ungenügend konzentrieren, z. B. nicht länger als 1 — 2 Minuten sich mit einem Spielzeug befassen können. Ein ernstlich geschädigtes Kind hat oft einen kleinen Kopf (klein im Verhältnis zu seinem Gewicht). Es ist von äusserster Bedeutung für die Eltern, jede Verlangsamung der Entwicklung zu beachten, weil sie möglicherweise ärztlicher Behandlung zugänglich wäre.

Wichtig ist auch, die *geistige Überlegenheit* zu erkennen; denn sonst wird sich das Kind in der Schule schlecht verhalten, weil es sich langweilt und die Arbeit für sich zu leicht findet. Die Eltern sollten die aussergewöhnlich gute Konzentrationsfähigkeit des Kleinkindes bemerken, seine Aufgeschlossenheit, seine Lebhaftigkeit. Das sprachlich besonders früh entwickelte Kind ist geistig überlegen. Aber nicht alle gescheiten Kinder sprechen früh. Einzelne zeigen ein Symptom, das weit wichtiger ist: das auffallend gute Sprachverständnis. Alle Kinder kennen den Sinn von Wörtern, lange bevor sie die Wörter selber zu sprechen vermögen. Ein 15 Monate altes Kind kann zahlreiche Objekte auf Bildern zeigen, wenn es danach gefragt wird («Wo ist der Hund?» — «Zeig mir dieses Haus, diese Türe!») und doch unfähig sein, diese Wörter auszusprechen. Später fragen dann geistig überdurchschnittlich entwickelte Kinder dauernd allerlei, interessieren sich für das Sammeln, zeigen Phantasie in ihrem Spiel, konzen-

---

[1] Auf die Frage der Linkshändigkeit wird hier nicht näher eingegangen; die Auffassung von Prof. Illingworth entspricht derjenigen von Dr. Dreifuss nicht.

trieren sich für längere Perioden und wollen Erklärungen für das Gesehene, oder sie wünschen die Ursache vieler Dinge kennen zu lernen.
Die Eltern *müssen* die besonderen Interessensgebiete und Fähigkeiten ihrer Kinder wahrnehmen und sie entsprechend ermutigen. Das Kind kann genial sein in bildender Kunst, in Musik, Ballett, Mathematik, Dichtkunst, Technik oder Fussball. Es dürfte nicht geschehen, dass Kinder in ihren besonderen Interessen nicht gefördert werden; man sollte ihnen den Weg zeigen, wie sie immer mehr darüber erfahren können z. B. aus entsprechenden Büchern oder durch den Hinweis, wie man eine Bibliothek benützt.
Es wäre ratsam, wenn die Eltern versuchten, die Art der Erziehung ihres Kindes auf seine Intelligenz abzustimmen, auf seine Persönlichkeit, seine Interessen und seine Fähigkeiten. Möglicherweise benötigen die Eltern dafür fachliche Beratung. Es wäre falsch, dem Kind eine teure private Erziehung angedeihen zu lassen, wenn es dazu nicht klug genug ist. Die Eltern sollten ehrgeizig sein für ihr Kind; aber es ist ebensowichtig, dass sie nicht zu viel von ihm erwarten, mehr als seine geistige Begabung zulässt. So müssen sie denn durch eigene Beobachtung, nötigenfalls mit Hilfe von Fachleuten, entscheiden, was das Kind an Erziehung zuhause braucht, um sein Bestes zu erreichen.

Prof. Dr. R. S. Illingworth
Child Health Department
Children Hospital
Sheffield/GB

Lotte Schenk-Danzinger:
Der Lehrer als Beobachter des Kindes

Ausser den Eltern ist wohl der Lehrer derjenige, der Kinder in einer «Normalsituation» — der Schule — am längsten und intensivsten beobachten kann und muss. Denn die Beobachtung der ihm anvertrauten Kinder gehört zu seinen Berufspflichten. Sie bildet eine der wichtigsten Grundlagen seiner pädagogischen Tätigkeit, die ja auf das einzelne Kind und dessen Eigenarten abgestimmt sein sollte.
Vier Grundsituationen lassen jene «Mosaiksteine» entstehen, die sich für den einfühlsamen Lehrer zum Persönlichkeitsbild des Kindes zusammenfügen können: die *ersten Schultage* (Ausdruck, Bewegungsform und Verhalten des Kindes in der noch fremden Situation); das *«Auftauen»* (Veränderung in Ausdruck, Bewegung und Verhalten nach einer Zeit der Eingewöhnung); die *Leistungssituation* (Ausdruck, Körperhaltung und Verhalten dort, wo, um mit Heckhausen zu sprechen, Hoffnung auf Erfolg und Furcht vor Misserfolg auftreten können; *die mehr oder weniger ungebundene Situation* (Stimmung, Verhalten, Bewegung während der Pausen, Turnstunden und Spielzeiten).
Aber der sensible Lehrer wird auch *plötzliche Veränderungen* bei einzelnen Kindern beobachten (sei es im Ausdruck, im Aussehen, im Verhalten, in der Leistung) sowie *Schwankungen* in Aussehen, in der Stimmung, in der Belastbarkeit, und er wird sich fragen, was die Ursachen sein könnten.

Die *ersten Schultage.* — Da hat er sie vor sich — die 30 — 36 kleinen Menschen, für die ein neuer Lebensabschnitt beginnt. Was sagen ihm die Gesichter? Die einen blicken ängstlich und angespannt, warten offensichtlich, dass es vorbei ist und sie wieder geholt werden. Andere sind ganz unbefangen, plaudern gleich und versuchen, die Aufmerksamkeit auf sich zu lenken, andere scheinen scheu und verhalten, aber interessiert und andere wieder fröhlich und zutraulich, voll lebhafter Neugierde. Da gibt es ein Kind, das richtig gedrückt aussieht, wie wenn kein Lächeln seine Züge erhellen könnte, und ein anderes, das ganz verloren in den Tag schaut, als ob es das Ganze nichts anginge. Ein anderes wieder ist mit lebhaftem Ausdruck offensichtlich auf Kontaktsuche, schaut sich unter den Kameraden um, stösst den einen vorsichtig mit dem Fuss, pufft den anderen leise in den Rücken. Und der Nachbar rückt von ihm ab mit misstrauisch ängstlicher Miene.
Beim Lehrer formen sich, unterschwellig, während er zu den Kindern spricht, erste Eindrücke, Fragen, Vermutungen: Ängstliches Kind, warum wohl? — Kleiner Frechdachs, du scheinst mir wenig beeindruckt. — Armer Teufel, sicher vernachlässigt. — Schaut recht vif drein, sollte ein guter Schüler werden. — Braves Kind, rührt sich gar nicht, dürfte eingeschüchtert worden sein. — Plaudertasche, dich werde ich wohl dämpfen müssen. — Warum dieses Kind nur gar so traurig wirkt? — Der rauft schon am ersten Tag, das kann gut werden. — Und die wird gleich anfangen zu weinen. — Das ist ein liebes, offenes Gesicht. Die Mutter vorhin war auch sehr nett ...
Es ist wichtig, die ersten Reaktionen von Kindern auf eine fremde Situation zu kennen, denn sie haben immer tiefere Gründe. Sie zeigen dem Lehrer Ängste und Vorbehalte gegenüber dem Leben, aber auch Zutrauen, freudige Erwartung und einfache Hingabe an das, was kommen wird. Sie zeigen Durchsetzungstendenzen, Aggressionen, aber auch Schüchternheit, Bedrängnis und Not. Und der sensible Lehrer, der diesen Kindern nun ein Freund sein will, wird sich im Verhalten gegenüber den Kindern von seinen ersten Eindrücken beeinflussen lassen, er wird versuchen, das Rätsel, das manches kindliche Ausdrucksverhalten ihm aufgegeben hat, zu lösen, er wird herausfinden wollen, ob seine ersten Vermutungen richtig waren.
Manche Frage beantwortet sich beim *«Auftauen»*. Nun ist die Schule zum Alltag geworden, und manche Spannung hat sich gelöst, manch ängstlicher Ausdruck weicht einem unbefangen-fröhlichen. Einige der Scheuen werden langsam zutraulich. Die Lebhaften, Kontaktfreudigen gewöhnen sich in ihrer offenen natürlichen Art bald ein.

Aber einige bleiben Sorgenkinder. Angst scheint manche dauernd zu belasten. Trudis Traurigkeit verschwindet nur kurz, bei ganz lustigen Spielen, aus ihren Zügen. Rudi ist so schüchtern, dass er kein Wort hervorbringt, und Peter träumt vor sich hin. Richard ist unfreundlich und immer abweisend. Der Lehrer holt sich die Eltern und versucht, die Geheimnisse dieser Kinder zu erforschen. Nur so kann er sie vielleicht aus ihren Schwierigkeiten lösen.

Die *Lernsituation* gibt ihm neue Hinweise. Manche, die sonst ganz fröhlich sind, verkrampfen sich hier, werden ängstlich, können nicht bei der Sache bleiben. Andere gehen jede Arbeit unbefangen an, aber wie sie ausfällt, interessiert sie noch nicht. Sie haben noch keine Beziehung zur Leistung. Und Karli, der so verträumt schien, kann sich gut auf die Arbeit einstellen und freut sich über Erfolge. Immer wieder gibt es kleine Überraschungen, die den zuerst gewonnenen Eindruck ändern, korrigieren, eine schon ziemlich gefestigte Meinung über ein Kind in Frage stellen. So etwa bei Maria, die so ruhig und ausgeglichen schien und deren fröhliches Gesicht sich nach einer schlechten Arbeit, die milden Tadel eintrug, in helle Verzweiflung wandelte. Sehr verschieden können übrigens die Reaktionen des Lehrers auf die Gemütslage von Kindern im Zusammenhang mit der Leistung sein. Im Falle Maria wird der eine Lehrer sagen: «Das gibts doch nicht, das muss sie aushalten können.» Ein anderer wird sagen: «Da muss ich sehr vorsichtig sein — wahrscheinlich steckt da eine ehrgeizige Mutter dahinter.»

Die *freie Spielsituation* gibt wieder neue Aufschlüsse. Da gibt's die, die immer etwas zu zeigen, zu erzählen haben. Trudi bleibt auch in der Pause in ihrer Bank sitzen. Wenn sie sie verlassen muss, bewegt sie sich steif und unsicher. Rudi redet erst nur leise mit seinem Nachbarn, freundet sich aber allmählich an, nachdem die Klasse entdeckt hat, dass er trotz seiner Schüchternheit kein Angsthase, sondern ein guter Turner ist. Richard sucht Händel, stösst die Kinder im Turnsaal, rennt wild durch die Klasse, reisst Sachen weg, um Streit zu provozieren. Aber wenn der Lehrer ihn zu sich holt und ihn helfen lässt, weicht er ihm nicht von der Seite und hat plötzlich einen ganz vertrauensvollen Gesichtsausdruck. «Der hat zu Hause zu wenig Liebe» denkt der Lehrer und nimmt sich vor, das Kind mehr an sich zu binden.

Aus den Beobachtungen in diesen vier Grundsituationen formen sich die Eindrücke, die allmählich und mit Hilfe von Gesprächen mit Eltern und Kindern ein Bild von der Persönlichkeit eines jeden von ihnen ergeben, an dem sich das Verhalten des Lehrers orientieren kann.

Aber auch *plötzliche Veränderungen* sollten dem aufmerksamen Lehrer nicht entgehen. Hans ist plötzlich von einem Tag auf den anderen ganz anders. Er wirkt verstört, sein Gesichtchen ist ernst und abwesend, seine Leistungen sind unbrauchbar. Bevor er zu einem Tadel ansetzt, überlegt der Lehrer: Hier muss etwas passiert sein! Er lässt die Mutter rufen. Statt ihrer kommt die Grossmutter und erzählt, dass die Mutter auf und davon ist, zu einem anderen Mann nach Amerika — ohne das Kind zu warnen! Müdigkeit, Blässe, Vergesslichkeit, Konzentrationsschwäche, Gereiztheit können auf eine im Ausbruch begriffene Krankheit hinweisen. Auch in einem solchen Fall wird der sensible Lehrer nicht rügen oder gar strafen, und er wird auch ein schwaches Leistungsergebnis nicht bewerten. Er wird zuwarten und die Eltern verständigen, damit sie das Kind zum Arzt bringen.

«Das Kind verändert sich dauernd, sowohl in seinem Aussehen, in seinem Ausdruck, in seinen Bewegungen und in seinen Leistungen», schreibt eine Lehrkraft in ihrem Bericht an den schulpsychologischen Dienst, «an manchen Tagen ist es auffallend blass und müde, die Lider hängen über die Augen, das Gesicht ist ohne Ausdruck, die Hände wirken kraftlos, die Bewegungen steif, wie wenn das Kind Angst hätte, von Schwindel befallen zu werden. Die Leistungen sind unbrauchbar. An anderen Tagen ist der Bub frisch, sieht besser aus, die Augen sind offen und der Blick lebhaft, die Leistungen sind besser, die Bewegungen sicherer.» Die Lehrerin hat in diesem Wechsel des kindlichen Aussehens und Verhaltens ein wichtiges Symptom einer Hirnschädigung beobachtet. Ihre Beschreibung war Anlass zu einer entsprechenden klinischen Untersuchung, die diesen Befund erbrachte.

Und ein Lehrer schrieb in dem Bericht an den schulpsychologischen Dienst: «Das Kind hat manchmal plötzliche Ausfälle. Dann starrt es sekundenlang vor sich hin und macht immer dieselben Bewegungen. Wenn es ein Schreibgerät in der Hand hat, schreibt es quasi automatisch immer dasselbe Wort.» Dieser Lehrer hatte als einziger in der Umgebung des Kindes Petit-mal-Anfälle[1] beobachtet.

Die meisten Lehrer bemühen sich um Objektivität und suchen aus dem Ausdruck des Kindes sein Wesen zu ergründen. Doch sind die Beobachtungen des Lehrers oft denselben Fehlerquellen unterworfen, die alle Beobachtungen von Menschen an Menschen verfälschen können. Sie können falsch interpretiert werden, sie können subjektiv gefärbt sein — etwa wenn ein Lehrer ein Kind unsympathisch findet, weil es einem Geschwister ähnlich sieht, das seine Jugend vergällt hat oder weil es der Bruder eines Schülers ist, der sich als sehr unangenehm erwiesen hatte. Hier können Halo-Effekte wirksam werden, vorgefasste Meinungen, Vorurteile, die sich in jedem Fall unheilvoll auf die Beziehung zwischen Kind und Lehrer auswirken. Es kann zur sich-selbst-erfüllenden Prophezeiung kommen: Wenn ein Lehrer der festen Überzeugung ist, dass ein Kind ein Störenfried ist, dann wird es auch einer.

Als mein Sohn schon in der ersten Mittelschulklasse in einen raschen präpuberalen Wachstumsschub geriet, wurde ihm die Schulbank zu klein. Er sagte mir, er könne die Beine nicht rechtwinklig aufstellen, ohne die ganze Bank zu heben. Ich ging zum Klassenvorstand, um mit ihm darüber zu reden. Aber er kam mir zuvor: «Ihr Sohn sitzt da mit ausgestreckten Beinen wie ein Grandseigneur und mit einem gequälten und gelangweilten Gesicht, als ob ihn das Ganze nichts anginge und ihm die Schule höchst zuwider wäre.» Ich sagte: «Er ist so rasch gewachsen, die Bank ist ihm zu klein, er kann die Beine nicht aufstellen, ohne die Bank hochzuheben. Das stört ihn furchtbar, besonders beim Schreiben, und lenkt ihn auch ab. Ich will eben mit Ihnen darüber reden!» «Das gibt's doch nicht, das müsste ich doch bemerkt haben, und übrigens, warum macht er nicht selber den Mund auf?» «Wahr-

---

[1] «Kleine» epileptische Anfälle, die meistens als plötzliche, kurzdauernde Bewusstseinsstörungen auftreten und im Gegensatz zu Grand-mal-Anfällen nicht von Muskelkrämpfen begleitet sind. Die Diagnose ist wichtig, weil die Krankheit medikamentös behandelt werden kann.

scheinlich weil er den Zustand für unabänderlich hält. Bitte, überzeugen Sie sich!» Zwei Tage später hatte mein Sohn eine höhere Bank. Über den gequälten Grandseigneur kam keine Klage mehr.
Als mein Enkel im Vorjahr in die Schule kommen sollte, dachte ich voll Besorgnis: Wie wird es dir gehen? Was für eine Lehrerin wirst du nur bekommen? Wird sie merken, was für ein Lieber, Stiller, Verhaltener du bist, der manchmal noch ganz in seinen Träumen lebt?
Er hatte Glück. Nach ein paar Wochen sagte die Lehrerin zu meiner Tochter: «Er ist ein so liebes Kind, aber ein ganz Scheuer! Bei ihm muss ich sehr vorsichtig sein. Wenn ich den scharf anpacken würde, wäre alles verloren. Zuerst hat er sich nie gemeldet, aber an seinen Augen habe ich gesehen, dass er alles mitbekommt. Vor acht Tagen hat er das erste Mal aufgezeigt, und wir haben uns alle gefreut. Jetzt erzählt er uns schon lange Geschichten. Da staunen wir über seine Phantasie!»

Prof. Dr. Lotte Schenk-Danzinger
Dornbacherstrasse 29
A-1170 Wien

Wolfgang Metzger:
Die lautlose Sprache kindlicher Bekenntnisse

In jungen Jahren hat der Schreiber dieser Zeilen gelegentlich versucht, in seinen Skizzenbüchern dies oder jenes Kennzeichnende von den Gegenden festzuhalten, in denen er sich damals freiwillig oder unfreiwillig aufhielt. Er bereut es nicht. Ohne diese unbeholfenen Versuche wäre für ihn manches schon längst verblasst oder unerweckbar in der Menge des Vergessenen untergegangen.
Wenn ein künstlerisch begabter Kinderarzt über die kleinen Hilfsbedürftigen, die von ihren Eltern seiner Fürsorge anvertraut werden, mit dem Zeichenstift Buch führt, so bedeutet das sicher zunächst für ihn ebenso eine Verlebendigung eigener Erinnerungen. Aber als Gestalt und Antlitz von Menschen — und die meisten davon in einer nicht unbedenklichen Lage — bedeuten seine Zeichnungen mehr und Allgemeineres. Eine solche Sammlung ist eine Art Schule des Schauens. Man kann an ihr üben, tiefer in das Sichtbare einzudringen und schärfer zu erfassen, was Gestalt und Gebärde eines Menschen über seine überdauernde Eigenart und über seine augenblickliche Gemütsverfassung aussagen.
Das ist von doppeltem Gewicht, wo es sich um Bilder von Kindern handelt.
Nicht erst Hans Zulliger, der Begründer einer Spieltherapie seelischer Störungen, bei denen das Kind von ausdrücklichen «Deutungen» seines Verhaltens verschont wird, begründet sein Vorgehen mit der Behauptung, dass «die Sprache des Kindes nicht das Wort, sondern die Handlung ist». Angesichts der beträchtlichen Zahl der Plappermäulchen, denen es schwerer fällt zu schweigen als zu reden, scheint mir jedoch eine Einschränkung dieses Satzes erforderlich zu sein, um den Wahrheitskern, der in ihm enthalten ist, herauszuschälen. Er würde dann lauten: «Die Sprache, mit der das Kind *von sich selber* spricht, ist nicht das Wort, sondern die Handlung.»
Dass es schwer bis unmöglich ist, aus einem Kind das Geständnis eines «Vergehens», etwa einer Lüge, hervorzulocken, wissen im Grund alle Eltern, obwohl sie es doch immer wieder versuchen. Die Erklärung liegt nahe, dass es sich vor den Folgen fürchtet, die für das Vergehen als «strafbare Handlung» angedroht sind. Diese Erklärung ist aber zu einfach. Sie trifft nicht zu auf das Kind, das beharrlich schweigt oder sich mit Ausreden abquält, wenn es ganz harmlose (wenigstens für den Erwachsenen harmlos erscheinende) Fragen über sich selbst beantworten soll. In den Untersuchungen über das Erwachen des Leistungsantriebs, die unter der Leitung von Heinz Heckhausen in den 50er Jahren in Münster durchgeführt wurden, bestand ein Versuch aus einem einfachen Wettspiel zwischen dem Versuchsleiter und der Versuchsperson, das so angelegt war, dass das Kind in undurchsichtiger Folge einmal gewann und einmal verlor. Es kam auch vor, dass es zwei- oder dreimal hintereinander schiefging. In dieser Lage fiel es einem der Kinder plötzlich ein, dass seine Mutter es gebeten hatte, etwas früher nach Hause zu kommen, und dass es daher unverzüglich weggehen müsse. Kein Wort davon, dass ihm das viele Verlieren keinen Spass mehr mache. Als man ihm aber an einem anderen Tag erzählte, der Fritz, ein Spielgefährte, sei gestern mitten aus dem Spiel weggegangen, weil seine Mutter auf ihn wartete, lautete seine überraschende Antwort (etwa): «Stimmt ja gar nicht; dem hat es bloss keinen Spass mehr gemacht, weil er so oft verloren hat.»
Hier ist ganz klar, dass es dem Kind nur peinlich war, den wahren Grund seines Aufbruchs zu verraten, also zuzugeben, dass sein Weggang im Grund eine Flucht war, und zwar, was unsere besondere Aufmerksamkeit verdient, auch ohne dass auf dieses Verhalten irgendeine Strafe angedroht war — wenn man nicht, der behavioristischen Begriffsaufblähung folgend, auch den Ausdruck des Bedauerns und den Versuch, das Kind zum Bleiben und Weitermachen zu überreden, als «Strafen» bezeichnen will.
Ein kleines Kind, das von vernünftigen Eltern ohne Zimperlichkeit erzogen wurde, legt im Bad oder in der warmen Sonne ohne Umstände seine Kleider ab und springt herum, wie es erschaffen wurde. Aber wie gross und unüberwindlich bei demselben Kind die Scheu ist, sein Inneres mit Worten zu entblössen, scheint der Aufmerksamkeit der Psychologen bisher entgangen zu sein.
Leider hat man nicht immer einen Fritz bei der Hand, von dem das Kind fröhlich erzählt, was es von sich selbst sorgsam verschweigt. Aber man braucht ihn auch nicht, wenn man es lernt, auf die Sprache seiner Haltung, seiner Mienen, seiner Gebärden und seiner Handlungen zu achten. Gerade dort, wo sie uns «sonderbar» vorkommen, wo sie

von dem abweichen, was wir in der fraglichen Lage erwarten, haben sie am meisten zu sagen, und es ist besonders wichtig, sich um ihr Verständnis zu bemühen. Dieser Empfehlung steht freilich unsere erzieherische Überlieferung im Wege. Sie hält uns dazu an, jedes sonderbare Verhalten unserer Kinder ohne weiteres zu beanstanden und seine Berichtigung zu fordern. In seiner «Kindererziehung», die schon 1930 in englischer Sprache erschienen ist, aber erst im Laufe des Jahres 1976 (voraussichtlich) auch in deutscher Rückübersetzung verfügbar sein wird[1], bringt Adler das Beispiel eines Kindes, das dadurch auffällt, dass es sich fortwährend irgendwo anlehnt. Die Antwort des Erziehers wird in der Regel lauten: «Lehn dich doch nicht immer an!» Und es ist sehr wohl möglich, dass er bei dem Kind diese Änderung seines Verhaltens durchsetzt. Das Kind verhält sich jetzt «richtig». Aber der Erzieher sieht nicht mehr, was er, falls er die Augen aufmachte, vorher sehen konnte: dass nämlich dieses unwiderstehliche Anlehnungsbedürfnis ein (gar nicht so sehr versteckter) Wink war, ein Hinweis auf Gefühle der Schwäche, ein Zeichen von mangelnder Selbstsicherheit, das in Worten etwa bedeutete: «Ich brauche Unterstützung, ich brauche Beistand.» Dieses Verhalten zu verbieten und seine Abänderung zu verlangen ist also nichts anderes, als wenn man einem Kind, das mit *Worten* sagt, es habe Bauchweh, nichts zu antworten wüsste als: «Halt den Mund!» Jedermann weiss, dass man etwas *gegen die Leibschmerzen* tun muss, um dem Klagen des Kindes ein Ende zu machen. Aber es ist weniger bekannt, dass man bei dem anlehnungsbedürftigen Kind, damit es ganz von selbst wieder ohne Stütze steht, etwas unternehmen muss, um seine Selbstsicherheit wieder herzustellen.

Im Zusammenhang mit diesem Beispiel weist Adler noch auf mehrere andere «sprechende» Verhaltensweisen hin: Etwa auf den Unterschied zwischen dem Kind, das auf der Strasse *aufrecht,* und dem, das *geduckt* neben seinen Eltern hergeht; dem Kind, das, wenn man es ruft, nicht ganz herankommt, sondern in einigem Abstand stehen bleibt; dem Kind, das jedesmal, wenn man es anspricht, zusammenzuckt; dem Kind, dem es nicht gelingt, seinem Gesprächspartner ins Gesicht zu schauen, und das stets schräg an ihm vorbei in die Ecke blickt. Man könnte die Liste beliebig verlängern. Je jünger ein Kind ist, um so beunruhigender ist es zum Beispiel für den Kenner, wenn seine Augen «verhängt» sind; denn der Blick des mit der Welt zufriedenen und fröhlich gedeihenden Kindes ist «strahlend»; seine Lider sind, solange es nicht schläfrig ist, weit geöffnet.

Von Adler stammt auch der Hinweis, dass wir nicht in jedem Fall abwarten müssen, was die Gebärden und das Tun des Kindes uns ungefragt verraten. Man kann in dieser Sprache der Handlungen auch Fragen stellen, auf welche die Antwort viel zuverlässiger ist, als es jede lautsprachliche Angabe wäre. Für den Erziehungsberater kann es z. B. wichtig sein zu wissen, welches das Verhältnis des Kindes zu den beiden Eltern ist. Es einfach zu fragen: «Wen magst du lieber? Bei wem bist du lieber? Wer ist netter, Vater oder Mutter?» wäre ein grober Kunstfehler. Kein Kind ist so dumm, dass es nicht wenigstens ein unbestimmtes Gefühl für die Tragweite *jeder* Antwort hat, die es auf eine solche Frage geben könnte. Es wird also, wenn es nicht einfach schweigt, vermutlich sagen: «Beide.» Und selbst wenn es sich dazu durchringt, einen von beiden als beliebter zu bezeichnen, sind wir nicht sicher, ob es nicht aus irgendwelchen Zweckmässigkeitsgründen – zum Beispiel um den Gefährlicheren nicht zu reizen – das Gegenteil dessen gesagt hat, was es im Innersten fühlt.

Natürlich darf man die Fragen, die das Kind durch sein Tun beantworten soll, nicht mit Worten stellen, sondern ebenfalls nur mit einem Tun. Was schlägt hier Adler vor? Er lädt beide Eltern mit dem Kind zur Besprechung ein und bittet sie, auf zwei Stühlen Platz zu nehmen, die wie zufällig in einigem Abstand voneinander aufgestellt sind. Das Kind stellt er ebenso unauffällig in die Mitte dazwischen («Ach, wir haben nicht genug Stühle; du kannst solange hier stehen bleiben.») und beginnt das Gespräch. Der Leser wird schon ahnen, was geschieht. Während der Unterhaltung wird das Kind, ohne es selbst zu bemerken, seinen Standort mehr und mehr in Richtung auf einen der beiden Elternteile hin verlagern. Und man kann wohl mit Sicherheit annehmen, dass dies der beliebtere ist.

Für diese Sprache ohne Laute ist noch kein Wörterbuch im Handel. Aber ich könnte mir denken, dass die wirklichen Freunde der Kinder, die es auch in unserer kaltherzigen Gesellschaft noch gibt, die leidenschaftlichen Mütter und Väter, Ärzte, Schwestern und Lehrer, noch genug dazu beitragen könnten, auch wenn sie nur selten zugleich die künstlerischen Fähigkeiten haben werden, denen dieses Buch seine Entstehung verdankt.

Prof. Dr. Wolfgang Metzger
Psychologisches Institut der Universität
D-44 Münster (Westf.)

[1] Adler A.: Kindererziehung. Fischer TB 6311, Frankfurt a.M. 1976.

Hans Asperger: Ärztliches Schauen

Die immer weiter vorangetriebene Spezialisierung hat der modernen Medizin grösste diagnostische und therapeutische Fortschritte gebracht, aber auch die Gefahr – wie das bei jedem ins Extrem getriebenen Prinzip so geht – einer Verengung des Blicks, eines Verlustes an Fülle und schliesslich an Menschlichkeit. Dass man «von immer weniger und weniger immer mehr und mehr weiss» (das sei so die Weise des Spezialisten, wie ein boshaftes Wort sagt), das lässt den Menschen das *Schauen* verlernen. Damit aber begibt er sich eines der wichtigsten Erkenntniswege, eben des Schauens. «Zum Sehen geboren, zum Schauen bestellt» – in diesem Wort des zur Weisheit gereiften Türmers Lynceus (Faust II) wird die dem Menschen gegebene Aufgabe umschrieben: er hat zu lernen, aus dem ihm angeborenen Sehen das Schauen zu machen, mit dem er die Dinge in ihrer Tiefe erkennt und ordnet, «in allem die ewige Zier» sieht («ewige Zier», das ist die genaue Übersetzung von «Kosmos», der in der griechischen Naturphilosophie eine so grosse Rolle spielt – und eben so bezeichnet Lynceus die Ernte seines Lebens).

Wer ein voller Mensch bleiben und die Aufgabe seines ärztlichen Berufs voll erfüllen will, der muss imstande sein, Spannungen zu ertragen, gegensätzliche Fähigkeiten in sich zu vereinigen, eben – das Schauen und das Einzelwissen; er muss das eine für das andere und das andere für das eine fruchtbar machen: er muss also aus Einzelheiten die Ganzheit des Kindes, für das er zu sorgen hat, erkennen lernen, so wie er aus dem Bild des Kindes, das seine Sinne und sein Gemüt beschäftigt, Einzelheiten schärfer sieht, vergleicht, ausschliesst und dann doch wieder integriert.

Welchen Weg aber könnte eine *Schule des Schauens* gehen? Sie kann Fotografien vor den Beschauer stellen, so wie das Herzka in anderen Büchern getan hat[1], vor allem von kranken Kindern – diese sind signifikanter, leichter zu durchschauen als Bilder von Gesunden: dass diese Kinder an den Rand des Lebens gestellt sind, lässt Wesentliches an ihnen leichter erkennen. Die fotografische Technik ist gewiss nicht ohne Gefahren: die Technik des Apparats kann sinn-entleerend, kann seelenlos machen. Es muss ein Meister das Instrument beherrschen, damit es eine Fülle von Aussagen bietet.

In dem vorliegenden Werk wird ein anderer Weg begangen. Ein Künstler zeichnet Kinder – verschiedener Altersstufen, verschiedener Nationen und Rassen, verschiedener Gemütszustände und schliesslich bestimmter Krankheitszustände. Er hat durch seine Mittel die Chance, dass sich die Wirklichkeit der sichtbaren Welt in dem von ihm geschaffenen Werk zu bleibender Wahrheit verdichtet – und dass sie leichter erkennbar wird, weil er gewisse Züge hervorhebt und das «Zufällige» auslässt.

Im folgenden sollen einige Kriterien angegeben werden, wie der Betrachter zum Wesen eines Kindes geführt werden kann – und wie auch der Meister der Kamera und besonders der zeichnende und malende Künstler zu solchem Verstehen führen können.

[1] Heinz St. Herzka: Das Gesicht des Säuglings (Schwabe, Basel 1965); eine erweiterte Ausgabe wird unter dem Titel «Gesicht und Sprache des Säuglings» vorbereitet. – Derselbe, Das Kind von der Geburt bis zur Schule. 4., ergänzte Auflage (Schwabe, Basel 1977).

Schon die *Gestalt* des Kindes kann aussagekräftig sein – in der Gesamtstruktur wie auch in den «Kleinformen» des Gesichts (sowohl die Beschreiber verschiedener Körperbautypen wie auch die Dichter sind immer wieder, mit mehr oder weniger Erfolg, diesen Gegebenheiten nachgegangen). Das Grobe oder aber die Feinheit der Struktur (manchmal durch chronische Krankheit, besonders durch eine Todeskrankheit «überfeinert»), Abartigkeiten in Einzelheiten oder im Gesamteindruck, Übereinstimmung oder aber Widersprüche zwischen dem, was der altersgemässen Entwicklung nach zu erwarten wäre und was tatsächlich aufscheint – das alles ist von hoher Signifikanz. Abweichungen vom «normalen» Erscheinungsbild haben die Alten gern als «degenerativ» bezeichnet – und dahinter steht wohl die Überzeugung der Griechen von der «Kalokagathia»: was schön sei (kalos), das sei auch gut, trefflich, gesund (agathos), und das, was aus dem Schönheitskanon herausfiele, eben abnorm. Gewiss darf man aber solche Erfahrungen nicht verabsolutieren, es gibt eindrucksvolle Gegenbeispiele!

Waren das Kriterien, die von der ruhenden Gestalt zu gewinnen waren, so führt zu noch tieferen Erkenntnissen, was an der bewegten Gestalt des Kindes zu schauen ist, sowohl an der «Leistungsmotorik» (mit der ein bestimmtes Arbeitsziel erreicht werden soll), wie, in noch höherem Mass, an der «Ausdrucksmotorik», der Gestik, der Mimik und besonders der vegetativen Erscheinungen an den Blutgefässen (z. B. Erröten und Erblassen) und an den Drüsen (z. B. Augenglanz).

Schon die Leistungsmotorik hat ihre Ausdrucksqualitäten (wie viel ist nicht vom Schreiten eines Menschen abzulesen, oder wie sehr eröffnet nicht die Handschrift einen Blick ins Innere des Menschen!). Von zentraler Bedeutung für die Menschenkenntnis sind aber die *Ausdruckserscheinungen,* die motorischen wie die vegetativen. Sie scheinen unwillkürlich und unbewusst am Menschen auf, kommen aus seiner «Tiefenperson», verfügen über eine eigene Innervation (auch wenn sie Muskeln in Bewegung setzen, die auch willkürlich und bewusst innerviert sind).

Diese Tatsachen erklären aber auch, warum diese Erscheinungen so aussagekräftig sind: sie künden von Gebieten der Person, die «vor» dem Bewussten und Willkürlichen liegen, eben darum aber dem Kern der Persönlichkeit und – dem Dauernden in ihr zugehören. So erkennt man aus ihnen nicht nur, was sich im gegenwärtigen Augenblick an Affekten abspielt, sondern auch die Grundstimmungslage, die Kontaktfähigkeit (die Fähigkeit, mit-menschlich zu sein), die Gemütswerte, die Dynamik der Person – und ihre Abartigkeiten, wofern man nur die Fähigkeit zu schauen hat, wofern man durch Erfahrung geschärfte und nicht durch Intellektualismus verdorbene Sinne hat.

Denn was da von dem mir gegenüberstehenden Kind als «Ausdruck» ausgeht, das geht in mich, den Betrachter, als «Eindruck» ein – und das ist etwas sehr Ursprüngliches, auch sehr Komplexes; es hat viele zunächst unbewusste, vor-bewusste Komponenten, die ich freilich als denkender, kritisch-unterscheidender, ent-scheidender Mensch ins Bewusstsein heben und mit Worten, auch nach wissenschaftlichen Kriterien beschreiben kann.

Hier erhebt sich freilich ein tragisches Dilemma: dieser erste, noch nicht klare Eindruck des Erfahrenen ist fast immer richtig und untrüglich (der Mensch, der Ausdruck «von sich gibt», kann damit nicht täuschen und lügen:

denn wenn er etwa die Absicht hätte, sich zu verstellen, so trüge das die Ausdrucksqualitäten der Verstellung, es würde artifiziell und eben verfälscht wirken, z. B. eine falsche Freundlichkeit, ein «gemachtes» Lächeln – dafür würde dann das schöne Wort *Franz Werfels* nicht gelten: «Lächeln ist keine Falte, Lächeln ist Wesen vom Licht!»). Die Möglichkeit, dass man bei der Beurteilung Fehler begeht, beginnt aber im Augenblick der Bewusstmachung und Beschreibung, schon gar der Aufstellung eines Systems. Dafür gibt es in der Geschichte tragische wie tragikomische Beispiele genug – angefangen von den seit dem Altertum währenden Versuchen, Tierphysiognomien auch für die Beurteilung des Menschen aussage- und symbolkräftig zu machen (ägyptische, griechische, römische Kunst), bis hin zu den «Physiognomikern» der Renaissance (Leonardo da Vinci) und der Aufklärungszeit – ich nenne nur Lavater, von dem *Goethe* nach eigenen Angaben viel lernte, von dem er sich dann aber mit überlegenem Humor distanzierte, und den in Wien wirkenden Franz Gall, den «Phrenologen», mit seinen skurrilen Versuchen, menschliche Grundqualitäten am Schädel, ja am Schädeldach zu lokalisieren. Ich zweifle nicht daran, dass hinter all diesen Versuchen eine echte Intuition, ein Schauen stand, das nur daran scheiterte, dass man es in verquerer Weise zu intellektualisieren und zu systematisieren suchte.

Aus all dem leuchtet aber die Wahrheit auf, die allen Menschen gemeinsam ist, welche nach Selbst- und nach Menschenkenntnis streben: dass nämlich von der äusseren Erscheinung ein Weg in das Innere des andern führt, den wir eben betrachten, dass wir den Menschen nicht nur nach dem Inhalt seiner Worte (wie leicht können die täuschen!), nicht nur nach seinen Leistungen (etwa durch gut ausgearbeitete Tests) beurteilen sollen, sondern auf solchen Wegen, die ins Zentrum seiner Person führen, über die Ausdruckserscheinungen nämlich (wozu gewiss auch die ungemein differenzierten Ausdrucksqualitäten der gesprochenen Rede gehören).

Alle diese Möglichkeiten, die wir kurz skizziert haben, vermag am ehesten die *künstlerische* Darstellung menschlichen Gesichts, menschlicher Gestalt zu verwirklichen, eben wegen der schon genannten «Verdichtung», der Hervorhebung des Wesentlichen: der darstellende Künstler, selbst fähig zu schauen, vermag das mit seinen Mitteln anderen mit-zu-teilen, einsehbar zu machen. Man könnte meinen, dass der Künstler, der ein Kinderbild zeichnet, dadurch im Nachteil ist, dass er nur einen einzigen Moment festhält, während der Betrachter des lebendigen Kindes einen beliebig langen Verlauf sieht, das Kind im Gespräch – wenn er dieses geschickt führt – zu verschiedenen Reaktionen provozieren kann, das Kind im Blickkontakt hält, das fliessende Leben beobachten kann. Aber – «in der Beschränkung zeigt sich der Meister». Der Künstler vermag aufzuzeigen, was hinter dem Zufälligen und Veränderlichen dauernd ist, was hinter dem Äusseren als Persönlichkeitskern, als zentrale Eigenheiten erkennbar wird (wie meisterhaft werden in dem vorliegenden Werk Gemütszustände und Stimmungen, der Blickkontakt eines Kindes in der Zwiesprache mit dem Künstler – oder aber Kontaktablehnung, Kontaktverlust dargestellt, ins Bild gebannt!). Das alles fordert zu jener Anteilnahme heraus, die eine zentrale Eigenschaft des echten Arztes sein muss.

So schliesst sich der Kreis – wir kehren zum Beginn unserer Erörterungen zurück. Im Zuge der Lernprozesse, mit denen der Arzt von heute ein umfangreiches Wissen spezieller Einzelheiten rezipieren muss, darf er aber nicht die zusammenfassenden Fähigkeiten einer «schauenden» Betrachtung verlieren, welche einerseits die Ganzheit, andererseits die Individualität des Kindes erfassen lässt: diesem Blick ordnen sich alle Erscheinungsformen zu einem Bild, in dem alle Einzelheiten gesetzmässig zusammengehören, die Struktur im Grossen und in den Kleinformen, die vegetativen Abläufe, die Motorik und alle Eigenheiten des Verhaltens; und andererseits offenbart sich bei dieser Betrachtungsweise auch das Besondere, auch Einmalige, Individuelle des Kindes, das, was sich abhebt von dem nach den gegebenen Normen zu Erwartenden.

Diese Fähigkeit ist dem Menschen angeboren. Sie wird gefördert durch ein intensives Streben nach Erkenntnis und Selbsterkenntnis, wird gefährdet durch ein Überwuchern kleinteiligen Spezialwissens; sie kann gefördert werden durch eine Schule des Schauens, wie sie auch von dem vorliegenden Werk geboten wird. Die Frucht solcher Beschäftigung ist eine Vertiefung des Wissens vom Menschen wie auch der Zuwendung zu ihm, heute so bitter notwendig angesichts der Gefährdungen einer immer mehr inhuman werdenden Welt.

Prof. Dr. Hans Asperger
Vorstand der Universitäts-Kinderklinik
Währinger Gürtel 74–76
A-1090 Wien

**Martinus J. Langeveld:
Begegnung und Ausdruck**

1

Wer einem kleinen Kind in seinen ersten Lebensmonaten begegnen – und es nicht nur «dingartig» antreffen – will, der sucht unmittelbaren Kontakt: den Kontakt der Augen, der Berührung, der hör- und sichtbaren Laute. Verwunderung und Lächeln bejahen die Beziehung.
Es wiederholt sich die Begegnung und die Erwartung. Der suchende Blick nach dem verschwundenen Gesicht taucht auf. Es kehrt zurück. Was als Kontaktsuche begann, wird zu einem wechselseitigen Sich-Entgegengehen im Blick. Nun zappeln auch die Beinchen, und unwillkürlich geraten die Arme in Bewegung. Was sich beim ausdifferenzierten und geübten Erwachsenen auf ein Nikken, einen Blick, ein Winken beschränkt, das erfasst beim Kindchen den ganzen Körper.
Wenige, recht wenige Jahre später sitzt das Kind da, vertieft in sein Spiel oder in seine Versuche oder in seine Beobachtungen. Es schaut kaum auf, wenn wir ein- oder nähertreten. Oder: es lässt sich unterbrechen, kriecht auf uns zu, steht auf, nimmt uns für sich in Anspruch. Oder: es äussert Laute des Wiedererkennens, des Wiederaufnehmens von Gewohntem – «was Papi macht, wenn er hereinkommt» –, oder: «wir sprechen miteinander». Gesicht, Haltung, Bewegung – alles macht mit; das ganze Register der Bewegungsmöglichkeiten wird gezogen, ganz geringe, mässige, totale Mitbewegungen; und die Stimme klingt distanzierter.
Gegenstände können nun auch dem Körper einverleibt werden, oder sie werden zum Hilfsmittel des Körpers in einer Welt der «Mir-Dinge».
Das Antlitz schaut zu uns auf und zeigt seinen verborgenen Reichtum. Das Kind geht fort; es öffnet sich selbst der Welt.
Neues kommt immer wieder zum Vorschein; diese neue Welt wirkt immer fesselnd, immer auffordernd. Alle Wunder sind selbstverständlich.

2

Wie das Kind die Begrenzung auf seinen eigenen Körper selbst überwindet, indem es Bausteine versetzt und aus ihnen eine Brücke baut, so überbrückt der Blick die Entfernung; der Blick der Begegnung durchbricht die Fremdheit des anderen. Der Laut durchdringt das Unbekannte.
Der Schlüssel im Schloss bedeutet das Wunder des Unsehbaren, das gewiss ist: Vati kommt heim und zu mir.
Allmählich wird aus dem Weinen ein Rufen, aus dem Rufen ein Sprechen. Das Sprechen, mein Sprechen, tritt ein in die Welt der Bedeutungen, und wir überbrücken das Unbekannte nun auch auf diese Weise. «Er kann mir erzählen.» Wunder ohne Ende.

3

Als ich ins Wartezimmer eintrat, stand da eine mir unbekannte Dame, die mich angerufen hatte. Sie suchte Hilfe für ihren dreizehnjährigen Sohn. Er war im Konzentrationslager gewesen. Sie weinte und konnte nicht weitersprechen. Der Junge sass auf einem Stuhl, Handflächen aufwärts. Er schaute nicht auf; die Hände schienen kalt und bedeutungslos. So kamen sie zu mir.
Ich grüsste die Mutter und stellte mich hinter den Jungen. Ich legte meine Hände auf die seinigen und sagte: «Deine Hände sind kalt, mein Lieber.» Und ich zwang ihn leise, aufzustehen. Mit ineinandergeschlungenen Händen gingen wir zum Radiator und wärmten sie.
Furchtbares hatte er erlebt: dem Vater waren in Anwesenheit des Jungen die Hände abgehackt worden. Als ich später mit ihm rudern ging, bat ich ihn, mir zu helfen. Er legte seine Hände auf den Riemen – und wir ruderten zusammen.
Er wurde Optiker. Er schliff die Linsen mit feinmotorischem Geschick. Wieder später – 14 Jahre, nachdem wir uns erstmals getroffen hatten – heiratete er eine Harfenspielerin. Er sagte zu mir: «Sie hat so schöne Hände.»

4

Die Hände waren schon wieder Teil seines Körpers geworden, als er noch regelmässig zu mir kam und wir vieles zusammen unternommen hatten. Zusammen arbeiteten wir, «machten» wir, bauten wir auf, bis er die Hände wieder angenommen hatte. Nun winkte und grüsste er wieder mit seinen Händen. Und als ich ihn bei der Arbeit sah, war er ruhig, ehrfurchtsvoll. Es war ihm eine liebevolle Aufgabe, seine Linsen zu schleifen, die Brillen zu montieren, dem Kunden zu helfen, seinen Körper wieder instandzustellen. Das Abenteuer der Hände: Wie schön hatte er es gelöst ... Und als die Harfenspielerin hinzukam – hätte es schöner werden können?

5

Einem durch Inzest seelisch und körperlich geschädigten Mädchen fehlte jede Grazie. Es war einsam, und es fiel ihm sehr schwer, menschliche Beziehungen anzuknüpfen. Vieles war zu tun. Wir sprechen aber nur einen Augenblick von der körperlichen Anmut, der Grazie.
Das Mädchen sprach recht wenig, als es, vierzehn Jahre alt, zu mir kam. Ich wusste nur das Schlimmste, was vorgefallen war. Nach einigen Monaten fing es an, sich sicher zu fühlen an seiner Arbeitsstelle, in meinem Hause, bei meinen Leuten. In einer kleinen Gruppe traf es andere Mädchen seines Alters, und man fand Zeit und Interesse für es. Gemeinsam wurde gesungen. Gemeinsam hörten sie auch einen sehr guten Sänger, der sich selbst begleitete. Zusammen wurde gearbeitet. Vor allem halfen die Mädchen hilfsbedürftigen Leuten verschiedenen Alters. Wir bereiteten ein kleines Fest vor. Die Tanzlehrerin kam mit ins Spiel. Ein richtiges Tanzspiel entstand. Dazu muss man gehen, stehen, grüssen, etwas überreichen können, etwas aufheben usw. Gabriela freute sich. Dann spielten die Mädchen mit einer Jungengruppe zusammen auf dem Sportfeld. Sie wurde für ein Team ausgewählt. Gabriela hatte ihr körperliches Selbstvertrauen wiedergefunden. Nur das körperliche?
In den Gesprächen, die wir zusammen geführt hatten (und die sie, wenn sie wollte, immer wieder haben konnte), sagte sie mir, sie wolle Modistin werden. Einige Wochen später: Krankenschwester. Oder doch Modistin. Sie entschied sich für das letztere.
Als ich sie später in der Fremde, wo sie zu ihrer Ausbildung weilte, auf der Strasse auf mich zukommen sah,

ging sie unauffällig mit natürlicher Grazie. Ihr Selbstvertrauen war wieder da; und wenn sie andere Bekannte – oder Unbekannte – traf, grüsste man sich gegenseitig mit Vergnügen. Die ganze Person, der Körper, die menschliche Seele – sie waren wieder eins geworden.
Jetzt bedeutete es wirklich etwas, zu ihr zu sagen: «Gabriela, ich grüsse dich», und es bedeutete etwas, wenn *sie* sagte: «Und ich grüsse *dich*».

Prof. Dr. M. J. Langeveld
Prins Hendriklaa 6
Bilthoven/Holland

Am 4. Mai 1973 gedachten wir die Toten des Zweiten Weltkrieges in Holland.

Als die Toten aufstanden
Schauten sie uns an.
„Ihr, also, seit die Menschen", sagten sie
und: „wir sind die weitergewanderten."
Einer hob langsam die Hand
und er mahnte zur Stille:
er hörte Musik, –
die Musik, sagte er, des glücklichen Herzens.
„Wo kommt sie her?" fragte er.

Es kam eine junge Frau mit ihrem Kind:
die beiden sangen und warfen sich den Ball zu
Der kleine Junge fragte:
„Mutti, wo ist Gott geboren?"
Sie faltete die Hände und kniete nieder:
„Hier", sagte sie, „aus meinen Händen
ist das Gebet gewachsen, das um Ihn rief
und dann war Er da – und sagte:
„Mach' Dir keine Sorgen,
 denn ich bin da."
„Wie lieb von ihm", sagte das Kind.
Und die Toten schliefen wieder ein.

M. J. LANGEVELD